人口老龄化与经济高质量发展

Population Aging and High Quality Economic Development

侯向群 著

中国矿业大学出版社
China University of Mining and Technology Press
· 徐州 ·

图书在版编目（CIP）数据

人口老龄化与经济高质量发展 / 侯向群著 . — 徐州：中国矿业大学出版社，2024. 8. — ISBN 978-7-5646-6389-6

Ⅰ. C924.24

中国国家版本馆 CIP 数据核字第 202487A0A7 号

书　　名　人口老龄化与经济高质量发展
　　　　　Renkou Laolinghua yu Jingji Gaozhiliang Fazhan
著　　者　侯向群
责任编辑　章　毅
出版发行　中国矿业大学出版社有限责任公司
　　　　　（江苏省徐州市解放南路　邮编 221008）
营销热线　（0516）83885370　83884103
出版服务　（0516）83995789　83884920
网　　址　http://www.cumtp.com　**E-mail**：cumtpvip@cumtp.com
印　　刷　湖南省众鑫印务有限公司
开　　本　710 mm×1000 mm　1/16　印张 10　字数 166 千字
版次印次　2024 年 8 月第 1 版　2024 年 8 月第 1 次印刷
定　　价　72.00 元
（图书出现印装质量问题，本社负责调换）

侯向群 男，生于1981年，湖南省安仁县人，湖南工商大学经济与贸易学院内聘副教授。2011年取得中国人民大学经济学博士学位，师从著名经济学家辜胜阻教授。现任湖南工商大学经济与贸易学院副院长、湖南省“十二五”重点建设学科“政治经济学”学科秘书、湖南工商大学硕士授权学科“理论经济学”学科秘书、湖南省“十四五”重点学科“理论经济学”学科秘书、湖南工商大学博士点建设学科“理论经济学”学科秘书，兼任（中国）消费经济学会理事、湖南商业经济学会副秘书长。主要从事创新经济、消费经济研究。主持国家社科基金青年项目、湖南省社科基金项目等多项科研课题。

前　言

根据国家统计局的数据，截至2023年年底，我国65岁及以上老年人口数量高达2.2亿，占全国总人口比例已达15.4%。人口老龄化成为我国中长期发展的基本国情，给经济社会发展带来新的挑战和机遇。党中央提出“实施积极应对人口老龄化国家战略”，事关国家发展全局，事关百姓福祉。

高质量发展是全面建设社会主义现代化国家的首要任务。高质量发展对于我国经济社会发展具有极其重要的意义，坚持以推动高质量发展为主题，把实施扩大内需战略同深化供给侧结构性改革有机结合起来，增强国内大循环内生动力和可靠性，提升国际循环质量和水平，加快建设现代化经济体系，着力提高全要素生产率，着力提升产业链供应链韧性和安全水平，着力推进城乡融合和区域协调发展，推动经济实现质的有效提升和量的合理增长，是推动经济社会发展、实现中华民族伟大复兴的关键所在。

人口老龄化给高质量发展带来的“危”与“机”并存。一方面，人口老龄化导致劳动力供给减少，可能带来劳动力成本上升的问题，影响企业的盈利能力和竞争力，可能导致经济增长的潜力受限；人口老龄化导致老年人口增多，对社会保障体系的需求也随之增加，导致社会保障制度的可持续性受到挑战，会加重财政负担；人口老龄化将改变消费结构，倒逼经济结构进行相应调整，可能面临一定的风险和不确定性；人口老龄化影响社会创新能力，作为创新主要力量的年轻人在社会中的比例相对减少，从而影响到创新能力的发挥。

另一方面，人口老龄化催生了“银发经济”，不仅可以满足老年人的消费需求，还可以带动相关产业的发展和经济增长；人口老龄化带动产业升级，推动传统产业进行转型升级，同时催生新产业和新业态。例如，养老服务、医疗保健、智能家居等产业将迎来发展机遇；人口老龄化也可能促进科技创新，为了满足老年人的生活需求和提高生活质量，需要不断研发新技术、新产品和新服务，推动社会治理创新。

中国式现代化建设必须解决如何在人口老龄化不断加剧的国情下，有效推进经济高质量发展这一历史命题，探索人口老龄化背景下高质量发展的路径选择也是亟须理论界回答的重要命题。笔者在十余年的经济学研究中，始终关注人口老龄化问题，长期探索人口老龄化的经济效应。中央提出了高质量发展的目标，标志着中国经济由高速增长阶段转向高质量发展阶段。高质量发展不仅仅是经济要求，更是对经济社会发展方方面面的总要求，体现了社会主义本质和价值追求。笔者也适时将自己的研究方向转向人口老龄化对经济高质量发展影响的研究。

2020年，笔者主持了湖南省教育厅科学研究项目“人口老龄化对我国经济高质量发展影响研究（项目编号：20A130）”。在课题研究中，系统探索了人口老龄化对经济高质量发展的影响机制，就有了本书的撰写及出版。

书稿付梓之际，要感谢湖南工商大学的刘乐山教授对“人口老龄化对我国经济高质量发展影响研究（项目编号：20A130）”课题研究和本书撰写的建议和指导，刘乐山教授在经济领域的深厚造诣对我启迪深远，并且对我进入湖南工商大学后的工作生活都给予了最大的帮助和关心。本书作为“人口老龄化对我国经济高质量发展影响研究（项目编号：20A130）”项目的研究成果，还要感谢湖南省教育厅科学研究项目对本书出版的资助。

侯向群

2024年4月

目　录

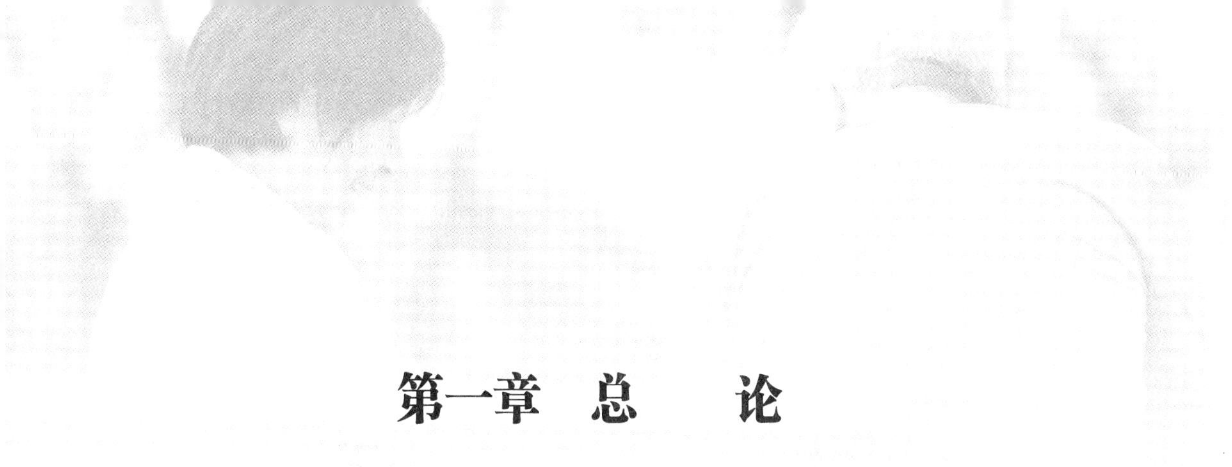

第一章 总　　论

发展是解决我国一切问题的基础和关键。习近平总书记多次强调，“以经济建设为中心是兴国之要，发展是党执政兴国的第一要务，是解决我国一切问题的基础和关键”。进入新时代，以习近平同志为核心的党中央对我国经济发展呈现的新特征、新问题认识不断深化。

一、经济高质量发展提出的时代背景

（一）新常态经济发展“换挡降速”的现实需要

改革开放以来，中国经济在世界经济发展史上创造了举世瞩目的成就。国家统计局数据显示，中国国内生产总值从1978年至21世纪的头十年，增长了140多倍，年均增长接近10%，远高于同期世界经济年均增速的不到3%。中国国内生产总值规模超过日本，跃升为世界第二大经济体。伴随着经济规模的扩大，中国经济发展对世界经济增长的贡献也不断提高，特别是在2008年全球金融危机爆发后，中国经济成为全球经济发展的领头羊，在连续四年时间里，对世界经济增长的贡献率超过20%，2013年更是超过了30%。但是在中国经济快速发展，对世界经济增长贡献率不断提高的过程中，外部的宏观发展环境和国内经济结构都在发生巨大的改变。2008年全球金融危机之后，受世界经济下行的影响，中国的经济增长也进入了“换挡降速”的新常态阶段：长期国内生产总值年均增速超过10% 的高速增长结束。国内生产总值增长速度从2007年的11.4% 下降到2009年的8.7%，再从2010年的10.4% 下降到2012年的7.7% 并持续下降到2014年的7.4%。经历了两次明显的下降区间后，中国经济步入新常态，国内生产总值增长从高速增长期转入中高速增长期。人均 GDP 的增长速度也呈现出相同的变化趋势，如图1-1所示。

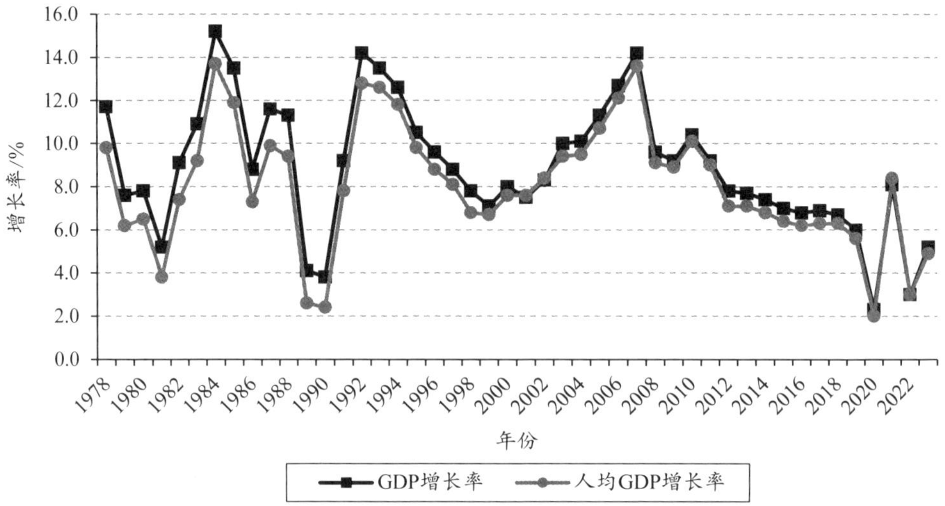

图1-1　1978—2023年我国 GDP 和人均 GDP 增长率

从世界各国经济发展经验来看，在经济发展的历史进程中，作为追赶型国家，经济在经历高速增长的数量型增长之后转换为质量型增长，符合经济发展的客观规律和质量互变规律。“高速经济增长只是工业化时期发生的一段特殊历史现象，当工业化完成后这种高速增长将不复存在。”这一阶段，经济发展必须更加关注量的变化，增速换挡，原有的依靠要素增加驱动经济粗放式增长的发展方式，必然要依靠要素效率提高驱动经济集约化发展的新发展方式，促成质的飞跃，进而迈向新的更高的发展阶段。根据世界各国的发展经验，落后国家在追赶过程中大多会经历经济增长从高速换挡至中高速，只有通过经济结构的优化调整，才有机会顺利跨越“中等收入陷阱”、进入高等收入国家的行列；反之，则有可能出现像拉美地区国家经济停滞不前，甚至倒退的情况。

党中央审时度势，先后做出了中国经济进入“三期叠加”阶段和“新常态”的准确判断，进而在十九大报告中做出我国经济转向高质量发展阶段的战略判断。中国要想顺利度过“三期叠加”时期、引领经济发展新常态、成功跨越“中等收入陷阱”，由高速增长转向高质量发展迫在眉睫。从外部来看，随着全球化的深入发展，国际竞争日益激烈，各国都在寻求新的发展模式和动力，中国要想在全球竞争中保持领先地位，提高经济的创新力和竞争力，就必须推动经济高质量发展。从内部来看，随着我国经济规模不断跃上新台阶，经济发展对资源与环境的影响日益凸显，资源与环境对经济发展的约束也愈发突出。中国政府向全球承诺了减排二氧化碳等温室气体的两个阶段奋斗目标，二氧化碳排放力争于2030年前达到峰值，努力争取2060年前实现碳中和。“双碳”目标不仅是中国对全球气候治理的积极贡献，也反映了中国推动经济结构绿色转型、实现高质量发展的现实需要。

（二）新时代中国社会矛盾变化的客观要求

社会主要矛盾，是一个国家在一定历史阶段内生产力与生产关系、经济基础与上层建筑之间最本质、最集中的体现。社会主要矛盾发生变化是社会发展规律的自然体现，也是历史进程的必然结果。中华人民共和国成立以来，随着社会生产力的不断提升和人民生活水平的日益改善，经济发展经历了多个阶段，社会主要矛盾也发生了相应的变化。

第一阶段是从1949年到改革开放前的计划经济时期。中华人民共和国成立初期，我国是一个典型的农业国，农业生产占据主导地位，工业基础薄弱，技术水平落后。从国内发展来看，只有建立先进的工业国，才能促进国民经济的恢复和发展从根本上改变国家的落后面貌，提高人民的生活水平。从国际环境来看，冷战格局的形成使得国际竞争日趋激烈，为了在国际上取得更有利的地位，中国迫切需要加快工业化进程，提升国家实力。1956年召开的中国共产党第八次全国代表大会上提出，当时我国的主要矛盾是人民对于建立先进的工业国的要求同落后的农业国的现实之间的矛盾，中心任务是集中力量把中国尽快地从落后的农业国变为先进的工业国。

第二阶段是改革开放初期到21世纪初的经济转型时期。在改革开放初期，我国刚刚结束了长期的封闭状态，开始面向世界，实行对外开放政策。国内的生产力水平仍然相对较低，主要体现在消费品短缺、服务质量不高、文化产品匮乏等方面，随着经济的发展和社会的进步，人民群众的生活水平逐渐提高，对物质文化的需求也日益增长。人们渴望拥有更多的物质财富，享受更高品质的生活，同时也对文化、教育、娱乐等方面提出了更高的要求。然而由于历史原因和体制机制的束缚，我国的社会生产在一段时间内发展相对滞后，无法完全满足人民的这些需求。1981年6月召开的中国共产党第十一届中央委员会第六次全体会议提出社会主要矛盾转变为人民日益增长的物质文化需要同落后的社会生产之间的矛盾。

第三阶段是进入21世纪，特别是党的十八大以来，中国经济进入新时代。随着改革开放的深入推进和社会主义市场经济的快速发展，我国社会生产力水平得到了显著提升，人民生活水平不断改善。在这个过程中，人民群众对于物质文化生活的需求也日益增长，不仅要求有更高的收入、更好的教育、更稳定的工作，还追求更优美的环境、更丰富的精神文化生活。尽管我国经济社会发展取得了显著成就，但仍然存在一些突出的问题和矛盾。特别是发展不平衡不充分的问题日益凸显，城乡之间、区域之间、不同社会群体之间的发展差距仍然较大，一些领域的发展还存在短板和不足。这些问题和矛盾的存在，制约了人民日益增长的美好生活需要的满足。2017年中国共产党第十九次全国代表大会提出，我国社会主要矛盾已经发生了转化，从人民日益增长的物质文化需要同落后的社会生产之间的矛盾，转化为人民日益增长的美好生活需要和不平衡不充分的发展之间的矛盾。

一方面，社会主要矛盾的变化为高质量发展提供了动力和方向。随着人民对美好生活的向往日益强烈，对发展的质量和效益的要求也越来越高。这就要求我们在推动经济社会发展的过程中，更加注重解决不平衡不充分的发展问题，更加注重满足人民在教育、就业、收入、养老、医疗、住房、环境等方面的需求，从而推动高质量发展。另一方面，高质量发展又是解决社会主要矛盾的重要途径。只有通过推动高质量发展，我们才能不断提升社会生产力，不断改善人民生活，不断缩小发展差距，不断促进社会公平正义，从而逐步解决社会主要矛盾。同时，高质量发展还能为我们提供更加坚实的物质基础和技术支撑，为我们在更高水平上解决社会主要矛盾创造有利条件。

（三）解决城乡、区域发展不平衡的必然选择

区域和城乡协调发展是我国长期以来致力发展的一项工作。改革开放以来东部沿海地区率先开放发展，取得了巨大的经济增长奇迹，也形成了我国经济发展东强西弱，区域经济发展平衡的现状。另一方面，二十大报告也明确指出，"全面建设社会主义现代化国家，最艰巨最繁重的任务仍然在农村"。中西部落后地区发展和农村地区发展是中国式现代化建设需要奋力攻克的两大难关。

从东部、中部、西部地区发展的不平衡，以各地区居民人均可支配收入为例，2013年最高的东部地区其人均可支配收入有23 658.4元，而最低的西部地区只有13 919元，两者间相差9 739.4元；到2020年两个地区的居民人均可支配收入分别提高到41 239.7元和25 416元，差额也扩大至15 823.7元，如图1-2所示。

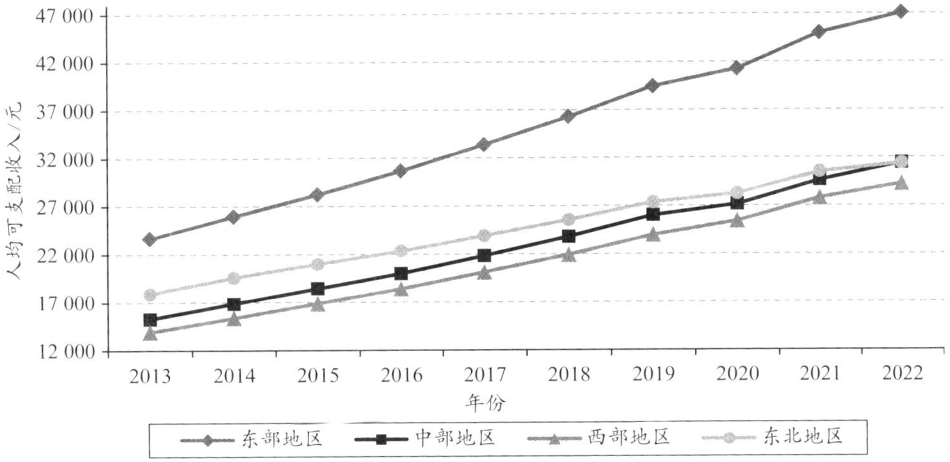

图1-2　我国各区域人均可支配收入

城乡收入发展的不平衡，同样以人均可支配收入为例。1978年我国城镇居民和农村居民的人均可支配收入分别是343元和134元，城镇居民人均可支配收入约为农村居民人均可支配收入的2.6倍；2020年，城镇居民和农村居民的人均可支配收入分别达到43 834元和17 131元，城乡人均可支配收入的倍数仍然在2.6倍左右的水平，但绝对差距却由原先的209元扩大至26 703元，绝对差距

增加了126.8倍，如图1-3所示。

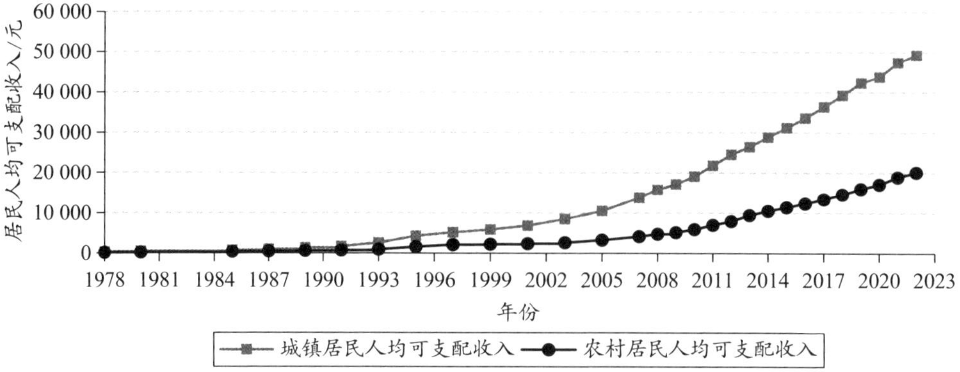

图1-3　我国城乡居民人均可支配收入

中西部地区作为我国经济的重要组成部分，拥有广阔的地域、丰富的资源和巨大的人口潜力，在经济质量、产业结构方面都存在较大差距。中西部地区经济发展通过优化产业结构，提升产业层次，增强创新能力，从而提高经济发展的质量和效益，逐步缩小与东部地区的差距，必须坚持高质量发展。同时，新发展理念下，中西部地区发展不能再走过去高能耗高污染的工业化道路。统筹兼顾经济发展与生态建设和环境保护，提升资源利用效率，减少资源浪费和污染排放，实现资源的合理配置和环境的保护，也对中西部发展提出了转变发展方式的新要求。

随着国内外经济环境的变化和农业生产方式的转型升级，农村地区拥有丰富的自然资源和人力资源，是经济发展的重要基础。通过加快农村发展，可以充分利用这些资源，推动农村经济的快速增长和农民收入的稳步提高。传统的农村发展模式已难以适应新的形势和需求。高质量发展强调经济效益、社会效益和生态效益的有机统一，注重资源的节约利用和环境的保护，推动农村经济结构的优化和产业的升级。这不仅可以提升农村地区的综合竞争力，还可以为农民创造更多的就业机会和收入来源，实现农村地区的可持续发展。

二、经济高质量发展的内涵与路径

（一）经济高质量发展的内涵

十九大报告作出“中国特色社会主义进入了新时代”的重大判断。新时代反映的经济发展的阶段性变化表现在：我国经济发展水平由低收入阶段转向中等收入发展阶段，随着经济规模的扩大和工业化的深化，经济增长受资源和环境条件的约束；随着收入水平的提高以及脱贫攻坚战略取得伟大胜利，国家经济社会摆脱贫困转向基本实现现代化；经济发展方式从数量型增长转向质量效益型增长。十九大报告指出，我国经济已由高速增长阶段转向高质量发展阶段，高质量发展是中国当前和今后一个时期确定发展思路、制定经济政策、实施宏观调控的根本要求，必须深刻认识、全面领会、真正落实。

高质量发展，是在新的发展环境、发展条件和发展阶段提出的新要求，由高速度转向高质量发展，受到国际环境、经济新常态、社会主要矛盾、生产要素、资源环境等一系列重大变化的影响。高质量发展具有系统性和全面性，高质量发展的目标包括经济转型、结构调整、动力优化、风险可控、共同富裕及环境优化等。推动高质量发展的主要措施，主要包括十九大报告提出的推进区域空间高质量发展、构建现代化产业体系、积极发展能源经济、完善生态环境保护、构筑高质量民生体系、打造高水平对外开放体系六大方面。相对于高速度发展，高质量发展的评价是多维的。高质量发展不是简单指经济总量和物质财富数量层面的增长，而是包括经济、政治、文化、社会、生态等方面的全面提升，需要着重解决经济社会环境发展中突出的不平衡、不充分问题。任保平（2018）指出，衡量高质量发展的标准包含经济发展的有效性、协调性、创新性、持续性、分享性等方面，高质量发展就是要让创新成为第一动力、协调成为内生特点、绿色成为普遍形态、开放成为必由之路、共享成为根本目的发展。

推动高质量发展，经济建设是重点领域，也是重要支撑，高质量发展离不开经济建设，汪同三（2018）认为微观经济是发展基础，宏观经济是总体水平，民生事业是最终目标。刘树成（2007）认为，提高经济增长质量是不断提高经济增长结构的协调性，不断提高经济增长效益的和谐性。赵剑波等（2019）提出，高质量发展主要是指从“总量扩张”向“结构优化”转变：一方面从经济增长的过程看，高质量发展是指经济增长结构（包括产业结构、投资消费结构、区域结构等）的优化及经济运行的稳定性；另一方面从经济增长的结果看，高质量发展是指经济增长带来居民福利水平的变化，以及资源利用效率提高和生态环境代价降低。

经济高质量发展的微观基础是提供更高质量的产品和服务，这是经济发展质量高的直观体现。经济生产的终极目标在于切实满足人们的日常生活需求。产品和服务的质量高低，不仅是衡量经济发展质量的核心指标，更是推动高质量发展的关键所在。产品质量直接关系到人民对美好生活的满足程度，因此提升中国制造、中国服务、中国建造的供给质量，对于中国经济能否形成质量优势、实现从高速增长向高质量发展的转变至关重要。这一过程不仅能够提升居民的整体福利水平，优化成果分配，更能广泛满足民生需求，促进社会的全面进步。

（二）经济高质量发展的战略重点

十九大报告明确我国经济已由高速增长阶段转向高质量发展阶段，正处在转变发展方式、优化经济结构、转换增长动力的攻关期。这意味着中国经济已经实现从量的扩张到质的提升的转变，需要加快转变经济发展方式，推动产业结构升级和经济转型升级，实现高质量发展。在这个过程中，需要坚持创新、协调、绿色、开放、共享的新发展理念，加快推进供给侧结构性改革，加强创新驱动和人才培养，推动经济的高质量发展。需要继续深化改革开放，扩大对外开放领域和范围，推动形成全面开放新格局。

二十大报告进一步提出，加快发展方式绿色转型，推动经济社会发展绿色化、低碳化是实现高质量发展的关键环节；经济结构性体制性矛盾突出，发展不平衡、不协调、不可持续，传统发展模式难以为继，统筹产业结构调整、污染治理、生态保护；坚持科技是第一生产力、人才是第一资源、创新是第一动力，深入实施科教兴国战略、人才强国战略、创新驱动发展战略，开辟发展新领域新赛道，不断塑造发展新动能新优势。

从高速增长到高质量发展，是我国经济发展重心的根本转变，实现高质量发展是长期任务和系统工程，需要立足现实、着眼长远，进行战略规划和部署，在整体布局中突出跨越三大“关口”、建立现代化经济体系两个重点。一个战略重点是推进转变发展方式、优化经济结构、转换增长动力。事实表明，我国经济偏重增长速度、质量效益不高的主要原因是发展方式粗放、经济结构不合理、增长动力不可持续。转变发展方式是实现高质量发展的基本前提，优化经济结构是实现高质量发展的深层基础，转换增长动力是实现高质量发展的关键环节。只有在跨越这三个“关口”上实现突破，我国经济从高速增长转向高质量发展才能落到实处。

跨越三大“关口”，通过转变发展方式、优化经济结构和转换增长动力，来推动经济实现高质量发展。首先，转变发展方式是跨越的第一大“关口”。从传统的依赖资源消耗和要素投入的发展模式，转向更加注重创新和质量效益的发展方式，需要加强科技创新，提升产业的技术含量和附加值，推动经济向创新驱动型转变。其次，优化经济结构是跨越的第二大“关口”。调整产业结构，提升服务业的比重，促进产业协调发展；优化区域结构，推动城乡区域协调发展，缩小发展差距；以及改善要素投入结构，提高劳动力素质和资本使用效率。最后，转换增长动力是跨越的第三大“关口”。随着传统增长动力的减弱，需要寻找新的增长动力来支撑经济持续发展，包括深化改革开放，释放内需潜力，激发市场活力和社会创造力；加强人力资本培养，提高劳动者素质，为经济增长提供持续的人才保障；以及推动绿色发展，实现经济与环境的和谐共生。

（三）经济高质量发展的实现路径

1. 转变发展方式，开拓集约发展新道路

马克思曾说过，“随着新生产力的获得，人们改变自己的生产方式，随着

生产方式即谋生方式的改变，人们也就会改变自己的一切社会关系。手推磨产生的是封建主为首的社会，蒸汽磨产生的是工业资本家为首的社会。”经济发展方式不仅仅是单纯的经济增长，还包括结构的优化，质量和效益的提升，资源和生态环境的改善，以及经济社会的协调发展等各方面。经济发展方式的转变，涉及发展理念的转变、发展道路的选择、发展模式的创新等诸多方面，核心是解决如何又好又快发展的问题。党中央早在改革开放之初就开始孕育转变经济发展方式的思想，历代党中央领导集体在推进经济增长方式转变道路上的积极探索，为新时代加快经济发展方式转变提供了丰富且宝贵的经验。1982年党的十二大提出，“把全部经济工作转到以提高经济效益为中心的轨道上来”；1992年十四大进一步强调要“努力提高科技进步在经济增长中所占的含量，促进整个经济由粗放经营向集约经营转变”；2007年十七大报告则明确提出了“加快转变经济发展方式”，在党的历届报告中首次用“发展方式”表述来代替“增长方式”，体现了中国共产党对经济建设规律认识的不断深化。十九大和二十大报告都重点阐述了转变发展方式是经济高质量发展的重要实现路径。

转变发展方式，从规模扩张型发展转向质量效益型发展。以经济增长的质量和效益为导向，优化资源配置，提升资源利用效率，减少无效和低效投资。通过技术进步、管理创新、制度优化的协调发展来提高全要素生产率。推动经济结构优化升级，促进产业结构、区域结构、城乡结构等的协调发展。

转变发展方式，从传统产业驱动转向创新驱动。形成政府前瞻引导、企业主体作用、社会全员参与的科技创新体制，加大科技创新力度，培育创新文化，提高自主创新能力。要在核心技术、关键零部件等领域实现突破，减少对外部技术的依赖。要培育新兴产业，特别是战略性新兴产业，形成新的经济增长点。

转变发展方式，从资源消耗型发展转向绿色可持续发展。统筹经济发展与生态环境保护，严格执行环保法规，加大环境执法力度，推动形成绿色发展方式和生活方式。推动绿色发展理念贯穿于经济社会发展各个领域，全面推动绿色产业、绿色技术、绿色金融等的发展。实现经济增长与资源环境保护的良性循环，建立资源节约、环境友好的产业体系，促进经济社会的可持续发展。

转变发展方式，从人口红利型发展转向人才优势型发展。加强人才培养和引进政策，包括提升教育水平、优化人才培养机制、吸引海外高层次人才等，提高劳动力素质和创新能力。推动人力资本的有效利用，需要建立完善的人才市场和激励机制，让人才在经济社会发展中发挥更大的作用。

2. 优化经济结构，形成均衡发展新格局

经济结构是国民经济中社会生产活动、生产力、生产关系以及多种经济要素相互关联、相互作用的综合体现。它涵盖了国民经济的各个层面，反映了经济系统中各个要素之间的空间关系，包括产业结构、区域结构等。经济结构及其转型升级内生于经济增长过程中，是随着经济增长和技术进步而不断调整和优化的。经济高质量发展不仅是经济总量的扩张与积累，还包括经济质量的不断提升；不仅要求发展的可持续性，还要求结构的合理性。中华人民共和国成立后特别是改革开放以来，我国的经济发展取得了巨大成就，经济结构也相应呈现出不断优化升级的良好趋势。从产业结构层面来看，第一、第二、第三产业所占比重分别从1952年的50.5%、20.9%和28.6%，调整至1978年的27.7%、47.7%和24.6%，再到2020年的7.7%、37.8%和54.5%。第一、第二、第三产业结构从“123”到“213”再到“321”的演进轨迹不断优化，我国经济从落后的农业国不断地迈向现代化工业强国。

优化经济结构，优化产业结构是核心。培育未来产业是引领经济发展的重要方向。未来产业代表着科技创新的前沿和产业发展的新趋势，具有巨大的增长潜力和引领作用。加大对未来产业的研发投入，培育一批具有核心竞争力的创新型企业，可以推动经济实现跨越式发展。发展新兴产业是推动经济转型升级的关键。新兴产业通常具有高技术含量、高附加值、高成长性的特点，能够带动传统产业的转型升级，提升整个产业链的竞争力。壮大战略产业是保障国家经济安全、提升综合竞争力的重要举措。战略产业通常涉及国家安全、经济命脉等核心领域，是支撑国家长远发展的基础。

优化经济结构，统筹区域结构是基础。东部地区是全国经济发展的先行区，具有地理位置和经济基础的优势，也面临着资源紧张、环境压力增大等问题。应更加注重可持续发展，加强环境保护，推动产业结构优化升级，提高经济发展的质量和效益。中部地区是连接东西部的桥梁和纽带，具有独特的战略地位。应充分利用自身的资源和产业优势，加快产业发展步伐，提升产业竞争力。西部地区由于历史、地理等多方面原因，经济发展相对滞后。需加大政策扶持力度，加快基础设施建设，提升公共服务水平，为经济发展创造良好的环境；积极引进外部资本和技术，推动产业结构调整。

优化经济结构，优化企业结构是关键。优化企业所有制结构，推动国有企业改革，引入市场竞争机制，提高国有企业的经营效率和盈利能力；鼓励和支持非公有制经济发展，激发民间投资热情，形成多种所有制经济共同发展的格局；加强混合所有制改革，发挥不同所有制经济的优势，实现资源共享和优势互补。优化企业技术结构加强研发投入，提升自主创新能力，形成具有自主知识产权的核心技术；引进和消化吸收先进技术，加快技术升级换代；加强人才培养和引进，建立一支高素质的技术人才队伍；加强技术合作与交流，形成产学研用紧密结合的技术创新体系。优化企业规模结构，鼓励企业通过兼并重组等方式扩大规模，提高产业集中度，形成具有国际竞争力的大型企业集团；支持中小微企业发展，发挥其灵活性和创新性强的优势，形成大中小企业协调发展的产业生态；加强产业链整合，形成上下游企业紧密协作、共同发展的产业链体系。

3. 转换增长动力，打造创新引领新引擎

在人类社会的发展历程中，生产工具的演变是一个重要的标志，它反映了人类生产力的提升和技术的进步。从石器时代、青铜器时代、铁器时代到蒸汽时代、电气时代再到信息时代，相应的经济发展也依次经历了农业经济、工业经济、数字经济的发展。从经济发展视角来看，人类社会文明的进步和经济形态的演进其实质就是经济社会发展动力不断更替变化的过程。在经济社会发展不同阶段，发挥不同发展动力的引领作用，是人类社会发展的客观规律。改革开放四十多年间，中国经济保持了历史上最长时间的持续高速增长，创造了中国经济增长奇迹。这一阶段的经济高速增长得益于改革开放红利下，大规模投资、对外出口和国内消费这“三驾马车”的驱动。尤其是2001年我国加入WTO（世界贸易组织）后，出口成为推动中国工业化发展和经济增长的最大动力。但2008年国际金融危机极大地降低了出口对我国经济增长的贡献率；进入21世纪以后，随着我国经济总量和经济规模的增长，既有的增长动力不能继续满足当前经济社会发展的需要，经济发展驱动力转换明显加速。新时代新阶段的经济高质量发展需要重构新的发展动力，技术的创新与突破是经济高质量发展的第一驱动力和基石。习近平总书记分析了改革开放以来我国要素投入条件的变化及依靠要素投入支撑经济快速发展的难以为继性，指出“我们必须加快从要素驱动为主向创新驱动发展转变，发挥科技创新的支撑引领作用，推动实现有质量、有效益、可持续的发展”。

转换增长动力，教育是基础。提高总体教育水平，普及优质教育，增加人力资本投入，提升国民素质，为经济发展提供更高素质的劳动力；建立终身学习体系，发展在职教育和技能培训，帮助劳动者适应经济结构调整和产业升级的需要。推进教育体改革，强化创新思维和实践能力的培养，为科技创新和产业变革提供人才支持。

转换增长动力，科技为核心。首先是加大科研投入，增加对基础研究和应用研究的投入，提升自主创新能力；激励高新技术研发，鼓励高新技术产业发展，通过技术创新驱动产业升级；推进产学研合作，促进高校、科研院所与企业的合作，将科研成果转化为实际生产力。

转换增长动力，人才是关键。加快吸引和培养顶尖人才，通过优惠政策和良好的发展平台吸引国内外顶尖人才，培养本土高层次人才；完善多维度人才发展策略，实施多元化的人才发展战略，包括技术人才、管理人才和创新创业人才等；营造人才发展环境，营造尊重知识、尊重人才的社会氛围，为人才提供良好的工作和发展环境。

三、研究意义与内容

（一）选题的研究意义

在当前及未来较长时期内，我国人口的规模和结构都将处于剧烈变化之中，老龄化程度将快速提升。人口老龄化及其加速发展是我国当前及较长时期内要面临的基本问题，也是影响我国经济社会发展的最基本的国情。十九大报告明确我国经济已由高速增长阶段转向高质量发展阶段，正处在转变发展方式、优化经济结构、转换增长动力的攻关期；二十大报告也进一步围绕发展方式、经济结构和增长动力几方面部署推进高质量发展。因此，研究人口老龄化对我国经济高质量发展实现路径影响的研究有着重要意义。

（1）选题从发展方式、经济结构和增长动力三方面分析老龄化对经济高质量发展的影响，构建人口老龄化影响经济高质量发展研究的基本理论框架，丰富了经济高质量发展理论研究。

（2）以习近平新时代中国特色社会主义思想为指导，基于新常态和新时代背景，结合两步走发展和实现“两个一百年”奋斗目标等重要战略，分析我国高质量发展的深刻内涵、阶段性目标和长期目标。在明确高质量发展的内涵和不同阶段的目标的基础上，研究人口老龄化对高质量发展的影响机制。研究结果可以为政府制定经济管理政策提供理论依据，也可以为企业在适应经济高质量发展需要方面提供决策参考。

（二）主要研究内容

（1）人口老龄化特征及趋势研究。旨在刻画我国人口老龄化的现状和发展趋势。以人口统计年鉴和2020年第七次全国人口普查数据为基础，结合CHARLS（中国健康与养老追踪调查）、CHFS（中国家庭金融调查）、CHNS（中国健康与营养调查）等微观调查数据，运用统计方法预测估算各地区人口老龄化的发展趋势以及地区间的老龄化差异，为人口老龄化的经济影响相关分析奠定基础。

（2）人口老龄化对转变发展方式的影响研究。旨在探讨人口老龄化背景下如何实现发展方式转变。高质量发展，发展方式要从规模速度型转向质量效率型。从人口老龄化对于劳动力供给、人力资本投资的影响等角度，分析人口老龄化对于劳动生产率的影响，探究人口老龄化对于劳动生产率的有利影响和不利影响以及各自的影响机制。实证检验我国人口老龄化对于劳动生产率的影响效应及其作用机制，提出相应政策建议。

（3）人口老龄化对优化经济结构的影响研究。旨在探讨人口老龄化背景下如何实现经济结构优化。高质量发展，经济结构调整要从增量扩能为主转向调整存量、做优增量并举。从人口老龄化背景下财政支出、养老产业发展等角度，分析人口老龄化对于产业升级的影响，探究人口老龄化对于产业升级有利影响和不利影响以及各自的影响机制。实证检验我国人口老龄化对于产业升级的影响效应及其作用机制，提出相应政策建议。

（4）人口老龄化对转换增长动力的影响研究。旨在探讨人口老龄化背景下如何实现增长动力转换。高质量发展，发展动力要从主要依靠资源和低成本劳动力等要素投入转向创新驱动。从人口老龄化对于资本积累、技术创新的影响等角度，分析人口老龄化对于科技创新的影响，探究人口老龄化对于技术创新有利影响和不利影响以及各自的影响机制。实证检验我国人口老龄化对于技术创新的影响效应及其作用机制，提出相应政策建议。

（5）人口老龄化促进高质量发展的优化路径研究。旨在探讨人口老龄化背景下，如何协调各区域经济高质量发展，如何规划各阶段经济高质量发展战略。基于各地区经济发展水平、产业禀赋等基础条件，科学判断区域人口老龄化发展趋势，分析人口老龄化对于我国经济发展的区域影响和总体影响，短期影响和长期影响。探索人口老龄化促进经济高质量发展的优化路径。总体框架如图1-4所示。

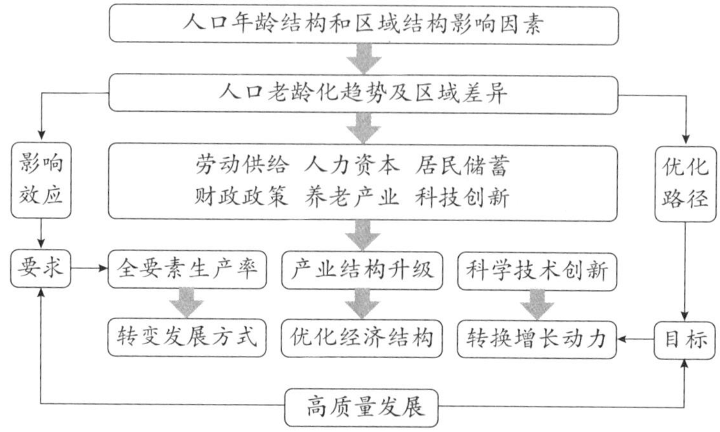

图1-4 本书研究总体框架图

（三）研究方法及主要创新之处

1. 主要研究方法

预测分析和仿真模拟分析。运用孩次性别生育模型预测分析我国人口结构变化趋势，采取人口年龄移算法仿真模拟老龄人口增长情况。为人口老龄化影响高质量发展提供经验证据。理论分析与规范分析。运用经济发展一般规律、产业结构变迁规律、技术革命发展规律等经济学原理演绎我国经济发展趋势和高质量发展要求，为后续研究提供现实基础。经验分析与实证分析。本书将采用面板回归和空间计量等方法来检验人口老龄化对劳动生产率、产业升级、技术创新的影响，分析其影响的作用机理，为政策制定提供依据。

2. 主要创新之处

学术思想创新：①基于经济发展现实，将传统人口老龄化对经济增长影响的相关研究拓展到高质量发展的相关研究；②以习近平新时代中国特色社会主义思想为指导，从发展方式、经济结构和增长动力三方面研究人口老龄化对经济增长的影响。

学术观点创新：①认为高质量发展的具体要求要对应于经济发展现实和国家发展战略目标，要科学规划高质量发展的阶段性目标和长期目标；②人口老龄化对于高质量发展受到众多因素约束，要充分论证人口老龄化对高质量发展的局部影响和总体影响，进而探究其作用机理，寻找优化路径，为政策制定提供理论参考。

研究方法创新：①高质量发展要求和目标具体化，将高质量发展纳入主理论分析和实证检验的研究框架；②运用预测分析和模拟仿真分析方法来研究我国人口老龄化现状、发展趋势和区域差异。

第二章　我国人口老龄化特征及趋势

人口老龄化是社会发展的重要趋势，是人类文明进步的体现，也是今后较长一段时期我国的基本国情。我国人口老龄化有两大显著特点。

（1）基数大、速度快。我国是当今世界老年人数最多的国家，2023年底，已有60岁及以上老年人口超2.9亿，预计2025年将突破3亿，2033年将突破4亿，2053年前后将达到4.87亿的峰值。我国老年人口增长迅速，从世界各国人口老龄化历程看，65岁及以上老年人口比重从7% 升到14% 所经历的时间，法国115年，瑞典85年，美国66年，英国45年，而中国预测仅28年。

（2）底子薄、负担重。目前世界上大多数国家在进入老龄化社会时已经处于较高的发展水平，而我国老龄化是在人均国民收入较低的情况下出现的。此外，我国人口老龄化还出现了城乡、地区差异加大等情况。

人口老龄化对经济运行全领域、社会建设各环节、社会文化多方面乃至国家综合实力和国际竞争力，都具有深远影响，挑战与机遇并存。积极应对人口老龄化，是贯彻以人民为中心的发展思想的内在要求，是实现经济高质量发展的必要保障，是维护国家安全和社会和谐稳定的重要举措。

一、相关研究综述

人口老龄化问题涉及政治、经济、文化和社会生活等诸多领域，关系国计民生和国家长治久安，习近平总书记强调，有效应对我国人口老龄化，事关国家发展全局，事关亿万百姓福祉。当前和今后一个时期，要充分认识我国人口老龄化的规律和特征。

（一）我国人口老龄化发展趋势研究

人口老龄化是经济社会发展进步的产物，是不可逆转的客观发展趋势，是国际社会共同面临的重大课题。自法国1865年第一个进入老龄化社会以来，当前世界共有90多个国家和地区进入该行列。刘厚莲（2021）利用联合国人口司数据和中国人口普查资料分析到21世纪中叶世界和中国人口老龄化发展态势，认为目前中国还未进入严重老龄化国家行列，高龄化、少子化程度较轻，老龄化程度明显还不及日本、欧美发达国家，但中国的老龄化、高龄化、少子化快速发展，到2050年甚至将超过美英等部分发达国家，也将明显超过印度、俄罗斯等人口大国。林宝（2015）认为，中国农村人口老龄化具有程度高于城镇、速度快于城镇、地区差异大于城镇、老年人口多于城镇等特征，应对农村人口老龄化更为急迫，任务也更为艰巨。陈明华等（2014）运用泰尔指数分析法测算了1995—2011年中国人口老龄化地区差异，中国人口老龄化具有非均衡空间分布特征，地区差异明显，长期来看，老龄化地区差异呈逐渐扩大趋势；2004年以后，中部、西部省际间老龄化差异呈扩大趋势，东部呈收敛趋势。

对人口老龄化的预测研究发现，我国人口老龄化将进一步加剧。翟振武等（2016）在充分考虑生育政策调整影响的基础上，依托2015年1%人口抽样调查数据对中国2015—2100年的人口规模和结构的变动趋势进行预测分析提出，中国总人口规模将于2029年左右迎来峰值，此后将步入负增长时期，整个人口的年龄结构将不断老化；劳动年龄人口规模将处于持续缩减之中，劳动年龄人口比例在21世纪前半叶将快速下降、后半叶则将在波动中缓慢下降；老年人口规模将不断攀升，于2053年左右达到峰值，此后将开始逐年下降，老龄化程度在21世纪前半叶将快速提升，但到了21世纪后半叶，老龄化进程将逐渐放缓。陈艳玫等（2018）构建ARIMA预测模型预测2011—2050年间我国年龄别、性别死亡率，认为2015—2050年，我国老年人口总量呈递增趋势，其中2020—2030年期间的增长速度最快，为老龄化高速发展期；年龄段越高，女性老年人口占比越高；80岁及以上高龄老年人在老年人口总量中的比重逐年增加且增速加快。杜鹏等（2021）指出，中国正处在健康中国战略实施给预期寿命带来变化、全面两孩政策推行后生育水平发生波动等新时代人口发展新环境下，对21世纪中国人口老龄化关键演进期的老年人口总体规模、所占比例及性别分布、年龄结构等进行长期趋势预测发现，中国老年人口规模及比例将在21世纪中叶前不断增长，在21世纪中叶后达到峰值水平，随后规模转向负增长，比例则趋于基本稳定。贺丹等（2019）研究发现，在2020—2035年和2035—2050年两个阶段，我国人口规模进入负增长，并将处于13.5亿人以上的人口高峰期；老年人口规模快速攀升，高龄化程度不断提高；劳动年龄人口规模快速下行，中年成熟劳动人口比例不断提高。

（二）我国人口老龄化特征

2010年以来，我国的经济和人口双双进入了新常态。人口新常态不仅是我国经济新常态形成的决定因素之一，同时也是新常态下经济运行的基础性条件（李建民，2015）。翟振武等（2016）研究发现，在老年人口规模不断膨胀、老龄化程度持续加深、老年人口年龄结构快速老化、社会养老负担日益沉重的背景下，中国人口的老龄化将呈现出新的特点：老龄化速度在“十三五”时期明显放缓，为中国完善养老政策、应对老龄化挑战提供机遇；空巢独居老人规模庞大，亟须实施家庭支持类政策推动家庭养老功能再实现；新一代老年人文化水平更高，且拥有一定的财富积累，为智慧养老和资产养老理念的落实创造了条件；更加宜居友好的老年生活环境，将有助于老年人口自理状态预期寿命的延长，进而有望减轻社会和家庭的老年照料负担。王志宝等（2013）分析各省区人口老龄化的演变过程发现，我国各省区的人口老龄化演变阶段差异很大，但基本没有出现未富先老，人口老龄化并没有妨碍经济发展。我国各省区人口老龄化演变特征，可将其划分为四类不同的人口老龄化类型，其演变历程的地域推移与地域集聚现象十分明显。

近年来我国人口老龄化还出现了城乡、地区差异加大等情况。这些因素交织叠加，对我国应对人口老龄化提出了新挑战。刘华军等（2014）对中国人口老龄化的空间非均衡及分布动态演进进行实证研究，结果表明我国人口老龄化空间分布存在显著的空间非均衡特征，表现为中部、西部地区老龄化程度低而东部地区老龄化程度高的梯度分布态势；我国人口老龄化空间分布的总体差距呈波动趋势，地区间差距是总体差距的主要来源；我国人口老龄化程度不断加深，地区差距亦呈现持续扩大趋势，并出现一定的两极分化现象。杜鹏等（2010）对中国和其他国家人口老龄化过程中城乡人口老龄化的差异进行比较研究发现，在人口老龄化过程中，许多国家普遍地表现出农村人口老龄化程度高于城市的特点，城乡倒置明显；人口老龄化城乡倒置只是人口老龄化过程中的一个阶段，它不会长期持续；当社会经济发展达到一定水平，大规模的城乡人口迁移基本完成，城市化水平大幅提高，人口因素发生改变时，人口老龄化程度农村高于城市的城乡倒置状况将发生转变，城市老年人口比例最终将超过农村。袁俊等（2007）从时空角度描述了中国农村人口老龄化的分异特征，我国农村人口老龄化的区域差异非常明显，东部沿海大部分地区已经进入人口老龄化阶段，但在“十一五”期间中西部地区农村人口老龄化进程将加快；农村经济发展水平、劳动力文化教育程度的差异是影响人口老龄化程度的主要因素。

（三）积极应对人口老龄化的政策机制

坚持应对人口老龄化和促进经济社会发展相结合，加强顶层设计，统筹协调推进，采取积极措施，有力有效应对人口老龄化挑战。郑功成（2020）认为，我国当务之急是尽快走出未富先老、被动等待的认识误区，切实解决好未备先老的问题，进一步转变思维定式、完善顶层设计、加快促使多层次社会保障体系走向成熟、优化养老服务布局并提升其质量、构建各方积极参与应对的动力机制、推进健康产业与适老产业全面发展并大力开发老年人力资源。胡湛等（2018）提出，中国老龄化社会的治理选择应基于中国特征并将其转化为中国优势，实现从碎片化管理向整体性治理、从聚焦于老年人口向强调全人口全生命周期的转变，并将政策调节逻辑从以人口变动适应制度转型为以制度变革适应人口；当前的老龄战略及政策布局应立足于我国人口态势和老龄化发展规律进行战略配置，在文化和制度传承的基础上更新理念和创新制度，在多元共治和可持续发展的基础上构建兼顾整体性和动态性的社会经济支持体系，加强对老年人群体演化和未来老龄社会发展的研判，并以此为基础选择政策调整乃至重构的切入点。穆光宗（2015）提出了老年生命历程理论，即缩短过渡期，顺应老化；延长活跃期，健康老化；利用活跃期，活跃老化；应对失能期，尊严老化；善待临终期，告别老化。进而探讨了成功老龄化战略，即要顺应个体老化和群体老化的不同规律，采取总体战略和差别战略结合的做法。总体战略包括：有准备的老龄化、有保障的老龄化、适度老龄化、和谐老龄化四个战略。分期战略包括：在活跃期，要采取健康老龄化、积极老龄化、生产性老龄化的组合战略；在失能期，要采取零歧视、零瘫痪、零自杀的老龄化战略；在告别期，要采取有尊严的老龄化战略。

健康老龄化是积极应对人口老龄化的应有之义。葛延风等（2020）提出，老年人最需要的是健康和护理服务，其中空巢独居老人、失能半失能老人、农村老人、将老未老群体的医养需求尤其值得关注。2030年以前是建立和完善老龄化应对体系的机会窗口期，成功应对老龄化需要最大程度地延长老年人的健康余寿从而实现健康老龄化，一是加强和改进老年医疗卫生服务体系，二是完善养老服务制度建设，三是发挥老年健康产业的支撑作用。谢立黎等（2019）研究发现，老年人社会参与模式可以分为高参与型、低参与型和家庭照顾型，应通过发展终身教育，加强社会组织建设，完善养老服务体系，建立年龄友好环境，提高老年人社会参与的内外能力，尤其是关注弱势老年群体社会参与的需求，来真正建立一个人人共享的社会，从而推进和实现健康老龄化和积极老龄化。

二、我国人口老龄化的特点

（一）我国人口持续增长，人口老龄化程度加深

自1950年开始统计人口数据以来，中国一直是世界上人口最多的国家。2022年7月，联合国经济和社会事务部发布《世界人口展望2022》报告，印度

人口将在2023年4月增至14.1亿，超过中国成为全球人口第一大国。长期以来，当世界主要经济体尤其是工业化国家人口增长缓慢，甚至负增长，而中国人口保持长期持续增长，导致中国长期处于世界人口第一大国的位置。如表2-1和图2-1所示，中国总人口数量1953年约为5.9亿，1964年约为7.0亿，1982年超过10亿，1990年约为11.4亿，2000年超过12.6亿，2010年约为13.4亿，2019年突破14亿大关，2020年我国人口数量共计达到14.12亿。

表2-1　1949年以来总人口数和65岁及以上人口情况

年份	1953	1964	1982	1990	2000	2010	2019	2020
总人口数 / 万	58 796	70 499	101 654	114 333	126 743	134 091	141 008	141 212
65 岁及以上人口数 / 万	2 600	2 500	4 991	6 368	8 821	11 894	17 767	19 064
65 岁及以上占比 /%	4.42	3.55	4.91	5.57	6.96	8.87	12.60	13.50
老年抚养比 /%	7.4	6.5	8.0	8.3	9.9	11.9	17.8	19.7

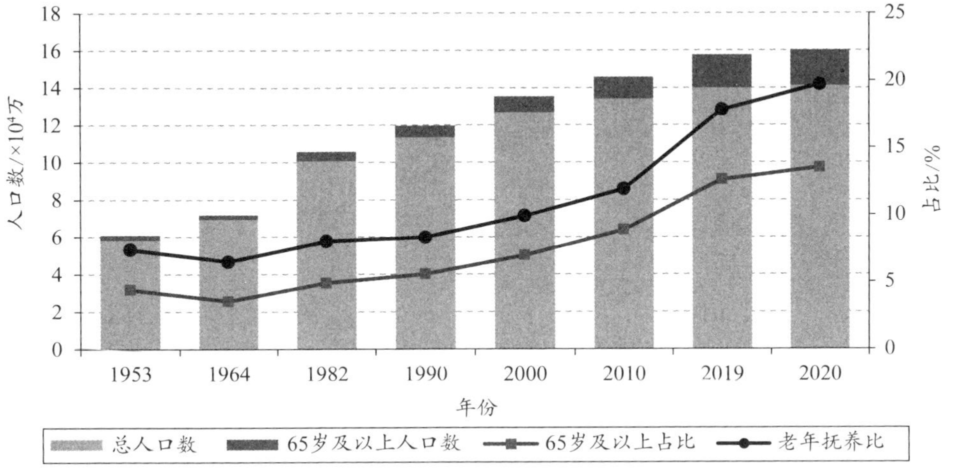

图2-1　1949年以来总人口数和65岁及以上人口数情况

在总人口保持长期持续增长的同时，我国老龄人口数量也在不断增长。1953年，我国65岁及以上老年人口数共计2 600万，在全国总人口中所占比重为4.42%；1964年，65岁及以上老年人口数量相比1953年有所下降，共计2 500万，占比3.55%；1982年共计4 991万，占比4.91%；1990年共计6 368万，占比5.57%；

2000年共计8 821万，占比6.96%，我国迈入人口老龄化社会。第六次全国人口普查数据显示，2010年我国65岁及以上老年人口突破1亿，占比8.87%。第七次全国人口普查数据显示，2020年我国60岁及以上人口为2.6亿多，占比18.70%，65岁及以上人口1.9亿多，占比13.50%。老龄人口数量不断增长，老龄人口数量居世界第一，而且老龄人口占比不断上升，人口老龄化程度不断加深。

根据相关预测，2035年中国人口将达到峰值14.8亿左右，60岁及以上人口数量将达到3.8亿，占比约为25.7%；65岁及以上老人，每年将增加700万人左右，2035年将达到3.1亿，占比约为20.9%；之后60岁以上人口将一直维持在4亿的水平，世界上平均每4个老年人中就有1个生活在中国，中国老年人口数比发达国家老年人口总和还要多。

（二）我国人口老龄化起步较晚，但发展迅速

联合国对于人口老龄化的认定主要基于两个通行标准：一是“60岁标准”，由1982年维也纳老龄问题世界大会提出，当60岁及以上老年人口占总人口比例超过10%时，这个国家或地区即进入老龄化社会。二是“65岁标准”，由联合国经济和社会理事会在其通过的《老龄化定义和统计指标》中确定。该标准指出，当一个国家或地区65岁及以上老年人口数量占总人口比例超过7%时，意味着这个国家或地区进入了“老龄化社会”。当这一比例超过14%时，为“深度老龄化社会”；而超过20%时，则进一步升级为“超老龄化社会”。“65岁标准”在国际上得到了广泛认可和应用，用于评估和比较不同国家或地区的老龄化程度。

按照“60岁标准”，我国1999年，60岁及以上老年人口占比超过10%，进入老龄化社会；按照“65岁标准”，我国2001年，65岁及以上老年人口占比超过7%，进入老龄化社会。不管用哪一个标准来衡量，我国进入老龄化社会的时间都要晚于主要发达国家。法国于1865年成为世界上第一个进入老龄化社会的国家。随后，瑞典、英国、美国、日本分别在1890年、1930年、1944年、1970年进入老龄化社会。而中国在2000年左右步入老龄化社会。最早进入老龄化社会的法国早于中国130多年，同在亚洲的日本早于中国30年。

历次人口普查数据显示，我国65岁及以上人口占总人口数的比例，由1964年的3.55%，上升到1982年的4.91%，再到1990年的5.57%，此时中国仍属于人口年轻型年龄结构。但是，20世纪70年代后，计划生育政策的制定与实施，我国人口出生率得到有效控制，加上我国经济的增长和医疗科技水平的提高，人口死亡率显著降低，促使我国老龄人口持续增长，人口年龄结构发生转变。2000年以前，中国65岁及以上人口所占比重低于世界平均水平，2000年后，我国老年人口数量迅速增长，并远远超过世界平均水平，人口老龄化速度不断加快。纵观世界人口老龄化发展速度，我国人口老龄化速度快于世界其他人口老龄化国家。如表2-2所示，根据联合国人口署预测，中国60岁及以上人口占总人口的比例从10% 增加到20%，仅仅用了27年的时间，而美国用了78年，瑞典用了80年，法国用了140年，即使人口老龄化最严重的日本也用了29年，比中国还多2年。大多数发达国家65岁以上老年人占总人口的比例从7% 提升到14%，所用时间都在45年以上，其中，法国115年、瑞典85年、美国66年、英国45年，而中国预测只需28年。

表2-2 中国与部分国家老龄化速度比较

国家	60 岁及以上人口			65 岁及以上人口		
	10%	20%	所用年数	7%	14%	所用年数
中国	2000 年	2027 年	27	2000 年	2028 年	28
日本	1970 年	1999 年	29	1970 年	1994 年	24
英国	1900 年	1980 年	80	1930 年	1975 年	45
法国	1850 年	1990 年	140	1865 年	1980 年	115
美国	1937 年	2015 年	78	1944 年	2010 年	66
瑞典	1890 年	1970 年	80	1890 年	1975 年	85

（三）我国老年人口区域分布不均，城乡差距扩大

我国幅员辽阔，地形复杂多样，包括高原、山地、平原、盆地等多种地形，形成了区域各具特色的地理板块。经济社会发展区域差异显著，东部地区经济

发展快于西部地区，沿海地区快于内地和边疆地区。在自然地理环境、社会经济条件以及历史发展等多种因素共同作用下，我国东南部人口稠密，西北部人口稀疏。随着人口老龄化的加速推进，我国东中西部地区的老龄化程度也在逐渐加深。但由于各地区的经济社会发展水平、人口结构等因素的差异，老龄化程度和趋势也呈现出不同的特点。如表2-3所示，2020年全国65岁及以上人口占总人口的比重为13.50%，但区域差异显著。老龄化水平高于全国平均水平有辽宁、吉林、黑龙江、江苏、上海、山东、安徽、湖南、湖北、四川、河北、重庆、天津等13个省（市、自治区）；老龄化水平低于10%的有广东、西藏、宁夏、青海、新疆等5个省（市、自治区）。老龄化最严重的辽宁省，65岁及以上老年人口比重为17.42%，是西藏65岁及以上老年人口比重的3倍左右，高低极差接近12个百分点。西藏也是内地唯一还没有进入人口老龄化社会的自治区（省、市）。

表2-3　2020年全国及各地区65岁及以上老年人口比重

地区	比重 /%	地区	比重 /%	地区	比重 /%
全国	13.50	天津	14.75	江西	11.89
辽宁	17.42	湖北	14.59	贵州	11.56
重庆	17.08	河北	13.92	福建	11.10
四川	16.93	河南	13.49	云南	10.75
上海	16.28	陕西	13.32	海南	10.43
江苏	16.20	北京	13.30	宁夏	9.62
吉林	15.61	浙江	13.27	青海	8.68
黑龙江	15.61	内蒙古	13.05	广东	8.58
山东	15.13	山西	12.90	新疆	7.76
安徽	15.01	甘肃	12.58	西藏	5.67
湖南	14.81	广西	12.20		

改革开放以来，我国城镇化率持续提高。常住人口城镇化率从1978年的17.92% 提高到2023年的66.16%，城镇常住人口数量也大幅增加。城镇化过程中大规模人口的城乡流动，导致我国人口老龄化呈现出显著的城乡差异。而且与发达国家普通城市的人口老龄化程度高于乡村的不同。我国大量的农村青壮年劳动力离开农村流入城市就业，伴随部分少儿也随着务工父母流入城镇，导致农村总人口下降，老年人口占农村总人口的比重上升，形成农村人口老龄化高于城镇的现象。如图2-2所示，2020年中国城市老龄人口比重为10.3%，农村老龄人口比重为14.8%，农村老龄人口占比高出城市老龄人口占比4.5个百分点。随着城镇化进程速度越来越快，农村人口老龄化程度高于城市人口老龄化的现象将进一步加剧。

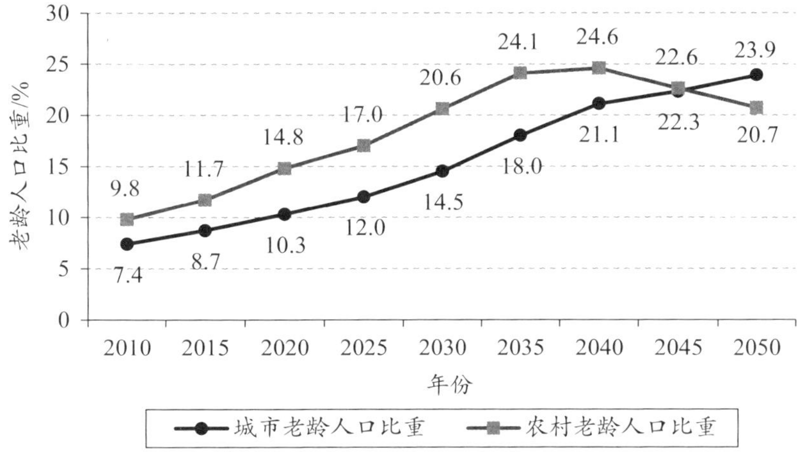

图2-2　我国城乡居民老龄化率趋势及预测

（四）我国人口老龄化进程快于现代化，“未富先老”

人口老龄化在一定程度上体现了经济发展和社会进步。从国际上来看，西方国家出现人口老龄化大都在基本实现现代化之后，呈现出“先富后老”或“富老同步”的特征。而我国步入老龄化社会时，仍处于经济社会发展水平相对较低的发展阶段，尚未完全实现社会主义现代化。相对于经济发展水平，我国人口老龄化的水平却高于发达国家同期水平，呈现“未富先老”特征。如表2-4

所示，2000年我国开始进入人口老龄化社会，当时我国人均GDP为946美元，远低于世界平均人均GDP水平的7 446美元。同期步入老龄化社会的国家中，韩国人均GDP达到17 380美元；新加坡人均GDP达到23 356美元。而更早步入老龄化社会的美国和日本，1950年已进入人口老龄化社会的美国，当年人均GDP为10 645美元；1970年进入人口老龄化的日本，当年人均GDP已达到11 579美元。相比而言，中国是在经济发展水平较低、远未实现现代化状况下进入老龄化社会。

表2-4　进入老龄化社会时间与国际人均GDP比较

国家	年份	人均GDP/美元	65岁及以上人口占比/%
中国	2000	946	7.0
世界平均	2000	7 446	6.9
美国	1950	10 645	8.3
日本	1970	11 579	7.1
韩国	2000	17 380	7.1
新加坡	2000	23 356	7.2

随着全球很多国家进入深度老龄化社会，从老龄化程度与对应的人均GDP看，我国人口老龄化的速度也快于现代化的速度。如图2-3所示，2019年我国65岁及以上老年人口占总人口数比例为12.6%，当年我国人均GDP约为1万美元；而在1990年美国65岁及以上老年人口占比达到12.6%时，当年人均GDP约为2.4万美元；在1992年日本65岁及以上老年人口占比达到12.6%时，当年人均GDP约为3万美元；在2015年韩国65岁及以上老年人口占比达到12.6%时，当年人均GDP约为2.7万美元。我国步入深度老龄化社会时的人均GDP水平，远落后于大多数发达国家步入深度老龄化社会时的人均GDP水平。据世界银行人口署预测，到21世纪中叶，中国60岁及以上人口总量达到峰值，预计将超过4亿人，约占总人口的31%，标志着我国进入高水平老龄化阶段，对应的人均GDP水平相当于目前中等发达国家水平。这表明中国人口老龄化的速度快

于现代化的速度的矛盾将持续很长一段时间。

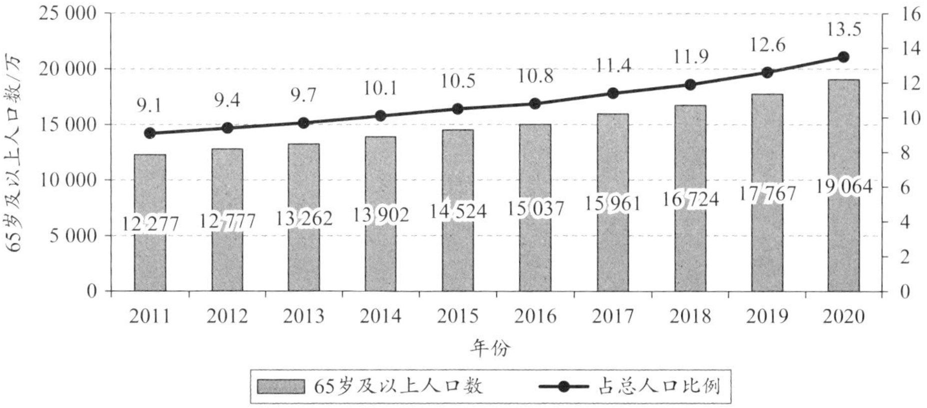

图2-3　2011—2020年我国65岁以上人口数和占比

虽然存在人口老龄化进程与经济现代化进程不同步的矛盾，但随着我国经济社会的发展进步，我国“未富先老”的国情也在逐步改善。2000年，我国60岁及以上人口比重约为10%，人口老龄化程度在世界排名64位；当年我国人均GDP 约为873.29美元，收入水平在世界排名117位。但是，在我国人口老龄化速度略快于世界平均的人口老龄化速度的同时，我国经济增长却是以远超世界平均水平的速度快速发展。到2019年，我国60岁及以上人口比重为18.1%，人口老龄化程度在世界排名57位；当年我国人均 GDP 美元达到1万美元左右，收入水平在世界排名72位，人口老龄化与经济发展更趋协调。我国已从“未富先老”逐步迈向“边富边老”。

三、我国人口老龄化的成因

（一）经济社会的快速发展

马克思提出：“一切重要历史事件的终极原因和伟大动力是社会的经济发展。”历史发展规律显示：在生产力低下、经济不发达的社会，由于物质生活条件的欠缺，导致高出生率高死亡率，以及人口平均预期寿命很短，老年人口占总人口的比例会保持在一个较低的水平，不太可能出现人口老龄化现象；随着工业化发展，生产力水平迅速提高，社会财富极大丰富，人类的生存质量提高，人口平均预期寿命提升，才可能出现老年人口比例提高，乃至进入老龄化社会。在第二次世界大战后，随着人类工业文明的快速发展和医疗条件的显著改善，许多国家和地区的人口老龄化进程明显加快，老年人口比重显著增加。

中华人民共和国成立以后，国家推动新民主主义向社会主义过渡，完成了“三大改造”任务，确立了社会主义制度。1953年开始，第一个五年计划的制定与实施标志着系统建设社会主义的开始。“一五”期间，我国走自力更生的工业化道路，重点发展重工业，建立起门类齐全的工业体系，为我国的工业化进程奠定了坚实的基础。中华人民共和国成立之初，我国人口年龄结构中的年轻人口比例较高，形成了相对“年轻”的人口结构。国家对人口老龄化方面的关注较少，基于工业化发展的需要，在“人多力量大”的思想指引下，生育政策较为宽松，20世纪50年代中期和60年代中期出现了两次生育高峰。1950—1958年的第一次生育高峰，年均出生人口2 100万；1962—1975年第二次生育高峰，年均出生人口2 628万人。两次生育高峰出生的人在2010年后逐渐步入老年期，人口老龄化加速发展。

改革开放后我国经济社会发展进入快车道，改革开放前30年我国 GDP 年平均增长9% 以上，创造了世界经济发展史上的“中国奇迹”。我国 GDP 总量从1978年的3 645亿元上升到2020年的1 013 567亿元，增长了约277倍；人均 GDP 由1978年的381元上升到2020年的71 828元，增长了约187.5倍。随着经济的快速发展，物质基础的丰厚，人口出生率随之下降，人口老龄化迅速发展。我国人口出生率从1978年的18.25‰下降到2020年的6.77‰，再降到2023年的6.39‰；人口自然增长率从1978年的12‰下降到2020年的1.45‰，再到2023年的 -1.48‰。从发展实际来看，经济社会的快速发展是人口老龄化的根本原因。我国经济发展水平高一些的地区，如上海、江苏和浙江一带，老龄化程度都相对较高。

（二）医疗卫生水平的提高和保障制度的完善

人口老龄化本质是人口年龄结构变化的结果，是老年人口数量增长超过总人口增长速度的结果。人口基数一定的条件下，老年人口总数取决于人口的预期寿命和人口死亡率。改革开放以来，我国医疗保健水平日臻提高，社会保障制度日趋完善。在医疗卫生条件方面，我国政府加大医疗卫生投资力度，加强医疗卫生人才培养，推进医疗卫生信息化建设等，使得医疗卫生服务更加公平、高效。建立健全了基本药物制度，实行国家基本药物目录，以确保人民能够获得基本的、价格合理的药物，从而减轻人民的药物负担，提高就医的可及性和可负担性。在社会保障体系方面，“建立健全社会保障制度”2004年写入宪法，标志着社会保障制度正式成为国家发展的基本制度安排。基本养老保险、医疗保险、失业保险、工伤保险等保障制度相继在全面实施，为人民群众提供了全方位的社会保障。特别是医疗保险方面，从城镇职工基本医疗保险制度的建立，到新农合的推行，再到逐步将所有人群纳入覆盖范围，我国医疗保险的覆盖面越来越广，为人民群众提供了坚实的医疗保障。

医疗卫生条件和社会保障制度的完善，极大改善我国人口的预期寿命和死亡率。我国人均预期寿命实现了显著增长，从1981年的67.77岁到2021年的78.2岁，增长了10.43岁；人口死亡率，从1949年的20‰，降到2020年的7.07‰。预期寿命提高和人口死亡率下降直接导致人口年龄结构的老化。医疗卫生水平对老龄化的发展影响重大。预计到2050年，我国平均寿命为85岁。

（三）城镇化的快速发展

我国城镇化进程是农村人口逐渐向城市和城镇转移，实现非农化和市民化的过程。中国的城镇化速度和规模举世瞩目。从规模上看，我国城镇人口从1978年的17 245万人增长到2022年的92 071万人，增长了74 826万人，这一增量超过了欧洲人口的总和。我国城镇人口规模在不断扩大，越来越多的人口从农村向城镇转移。从速度上看，1978年我国常住人口城镇化率为17.92%，2022年我国常住人口城镇化率提升到65.22%，四十多年间我国城镇化率提高了47.3

个百分点，城镇化进程快速推进。

随着城镇化进程不断加快，人口老龄化同步提升。伴随城镇化进程加快推进，城市就业机会增加，大量农村年轻劳动力不断涌向城镇寻求发展，经济欠发达地区的青壮年向经济发达的地区流动，人口由西部向东部迁移，由乡村向城市迁移，由落后地区向发达地区迁移。在这些迁移的人口之中，年轻人口是主力军，农村年轻人口向城镇转移，留下来的大多为老年人口，造成了农村的老年人口比例大，老龄化程度高。同时，越来越多农村人口转换为城镇人口，城镇化的生活和子女教育成本更高，生活工作方式现代化程度更高，思维方式发生改变，人口生育率下降。城镇交通、信息、生活水平和医疗条件优越于农村，老龄人口的生活、就医条件改善，从而降低了死亡率，人口的平均预期寿命延长，城镇人口老龄化程度也进一步提高。城镇化进程产生的地区间的人口流动，对人口老龄化起着助推作用。

（四）生育率的转变

一方面是生育观念的变化，生育观念是决定生育的重要因素。受文化程度和养育成本的影响，我国人口的生育观念经历了从“多子多福”“重男轻女”“养儿防老”的传统观念向“少生优生”“男女平等”等现代观念转变。在我国社会主义现代化建设过程中，产业结构不断优化，从以农业为主的第一产业向第二、三产业转变，劳动密集型产业向高精技术发展，对劳动力整体素质的要求逐步提高，生育的成本相应增加，直接影响到人们的生育观念。世界各国发展实践也表明，经济发展水平越高，生育水平反而越低。生育意愿改变也来自教育文化水平的提高。良好的教育可以使人们接受先进、科学的思想，形成健康的生育观念。研究表明，女性受教育程度越高，受传统“养儿防老”“多子多福”观念的影响越小，生育的意愿也随之降低。子女接受教育的成本大大增加，家庭生育机会成本增加，进一步导致生育意愿下降。

生育率还客观受到计划生育政策实施的约束。面对第一次和第二次生育高峰期后，规模庞大而且增长迅速的人口数量，我国决定实施计划生育政策，控制人口数量，提高人口质量。随着计划生育政策的大力推进，人口生育率迅速下降，1978年人口出生率为18.25‰，到2023年下降到6.39‰，1978年人口自然增长率为12‰，到2023年下降到 -1.48‰。实施计划生育政策，客观上导致了我国进入低生育率国家的行列，出现了少子老龄化现象。1982年，0~14岁的少儿人口34 146万，占总人口的33.6%，65岁以上的老龄人口为4 991万，占总人口的4.9%。我国刚刚进入人口老龄化的2000年，0~14岁的少儿人口29 012万，占总人口的22.9%，65岁以上的老龄人口为8 821万，占总人口的7.0%。到了2013年我国单独二孩政策放开前，0~14岁的少儿人口22 423万，占总人口的16.4%，65岁以上的老龄人口为13 262万，共占总人口的9.7%。即使二孩政策全面放开，2018年，0~14岁的少儿人口23 751万，占总人口的16.9%，65岁以上的老龄人口为16 724万，占总人口的11.9%。2020年，0~14岁人口为25 277万人，占17.9%，65岁及以上人口为19 064万人，占13.5%。从数据来看，我国少子老龄化现象仍十分严重。主观生育意愿的变化和计划生育政策的实施是我国人口老龄化快速增长的重要原因。

四、实施积极应对人口老龄化国家战略

（一）完善法律法规

修订和完善老年人权益保障法，确保老年人的基本生活需求和社会参与权利得到充分保障。包括对老年人的医疗保健、养老服务、社会福利等方面进行全面的法律覆盖，以及确保老年人在教育、文化生活等方面的需求得到满足。制定专门针对老龄化社会的就业政策法规，鼓励企业招聘和保留老年员工，为老年人提供灵活的工作机会和条件，充分利用老年人力资源，减轻因人口老龄化带来的劳动力市场压力。加强对养老服务行业的法律规范，对养老机构的设立、运营、监管等方面制定明确的法律规定，以及对养老服务人员的资质、培训、职业道德等方面进行规范，确保养老服务的质量和安全，促进养老服务业的健康发展。强化老年人保护机制的法律建设，建立健全老年人权益保护的法

律框架，包括完善老年人反虐待、反歧视的相关法律条款，以及设立专门的老年人权益保护机构，加强对老年人权益侵害行为的监督和惩处力度。

（二）构建多层次养老保障体系

构建一个多层次的养老保障体系是实现社会可持续发展的关键。第一层次养老保障应依托于国家的基本养老保险体系，确保所有老年人都能获得最基本的生活保障。第二层次的养老保障应着重于补充养老保险，鼓励和引导企业及个人通过商业保险等方式为自己或员工提供更为丰富的养老保障计划。第三层次的养老保障则更加侧重于个人储蓄和投资，包括个人养老储蓄账户、养老金投资计划等。这一层次的保障旨在鼓励个人为自己的老年生活进行长期规划和储蓄，以应对未来可能出现的各种风险和不确定性。随着人口老龄化的加剧，老年人口比例的上升直接导致养老金发放压力增大，从而对养老金体系的可持续性和稳定性提出了挑战。根据社会经济发展水平，适时提高养老金水平不仅是满足老年人基本生活需求的必要条件，更是让广大老年人分享经济社会发展成果的重要措施。政府应加强对养老服务行业的支持和规范，包括提供税收优惠、资金支持和政策引导等，以促进养老服务业的发展，提高养老服务的质量和效率。同时，还应加强对养老保障体系的监管，确保养老资金的安全和养老服务的质量，保护老年人的合法权益。

（三）优化医疗保险制度

健康老龄化是积极应对人口老龄化的应有之义。优化医疗保险制度是健康老龄化的基本保障。随着人口老龄化的加剧，老年人口的医疗需求日益增长，这对医疗保险制度提出了更高的要求。首先，应当扩大医疗保险的覆盖范围，确保所有老年人都能得到基本的医疗保障。其次，应该推动医疗保险制度的创新，引入多元化的保险产品，满足老年人不同层次和类型的医疗需求。这包括但不限于长期护理保险、重大疾病险等，通过市场机制鼓励保险公司开发适合老年人的医疗保险产品，同时加强对保险市场的监管，确保老年人的权益不受侵害。

再者，加强医疗资源的配置，提高医疗服务效率。优化医疗资源分配，尤其是在基层医疗机构增加老年医学科，提升基层医疗机构服务老年人的能力，减少老年人因病就医的时间和经济成本。同时，推广健康管理和疾病预防知识，提高老年人的健康意识，减少疾病的发生。最后，政府应加大对医疗保险制度改革的投入，通过财政补贴等方式减轻老年人的医疗负担，确保医疗保险制度的可持续发展。通过这些措施的实施，可以有效地优化医疗保险制度，为应对人口老龄化提供坚实的社会保障支撑。

（四）提升社会养老服务水平

随着老年人口比重的不断上升，传统的家庭养老模式已难以满足广泛的需求，扩大和完善养老服务设施显得尤为迫切。首先，通过政府加大投资，支持养老服务设施的建设和改造，确保养老设施能够覆盖农村和偏远地区。其次，通过政策引导和财政补贴，鼓励社会资本参与养老服务业，提高养老服务设施的建设和运营效率。同时，还需要加强对养老服务设施的质量监管，确保老年人能够享受到安全、舒适、有尊严的养老服务。此外，随着科技的发展，智能化养老服务设施的建设也成为了提升养老服务质量的重要途径。通过引入智能监护、远程医疗、智能生活辅助等技术，不仅可以提高养老服务的效率和质量，还能更好地满足老年人的个性化需求。

（五）构建老年人友好型社会

提高公众对老龄化的认识必须加强老龄化教育和宣传，通过多种渠道和形式，如学校教育、社区讲座、媒体报道等，普及老龄化社会的基本知识和面临的挑战，提升全社会对老龄化问题的理解和关注。应当倡导尊老爱老的社会风尚，通过开展志愿服务、老年人才艺展示等活动，增进年轻一代与老年人的交流和理解，促进代际和谐。鼓励老年人参与社会活动。参与社会活动能够有效提升老年人的身心健康。通过参与体育运动、文化交流、志愿服务等多样化的活动，老年人可以保持身体活力，延缓衰老过程，同时也能够通过社交活动减少孤独感，提高心理健康水平。鼓励老年人参与社会活动有助于发挥其社会价值。老年人凭借丰富的人生经验和知识，可以在教育、文化传承、社区服务等领域发挥独特作用。这不仅能够增强老年人的自我价值感，也能够为社会发展贡献智慧和力量。

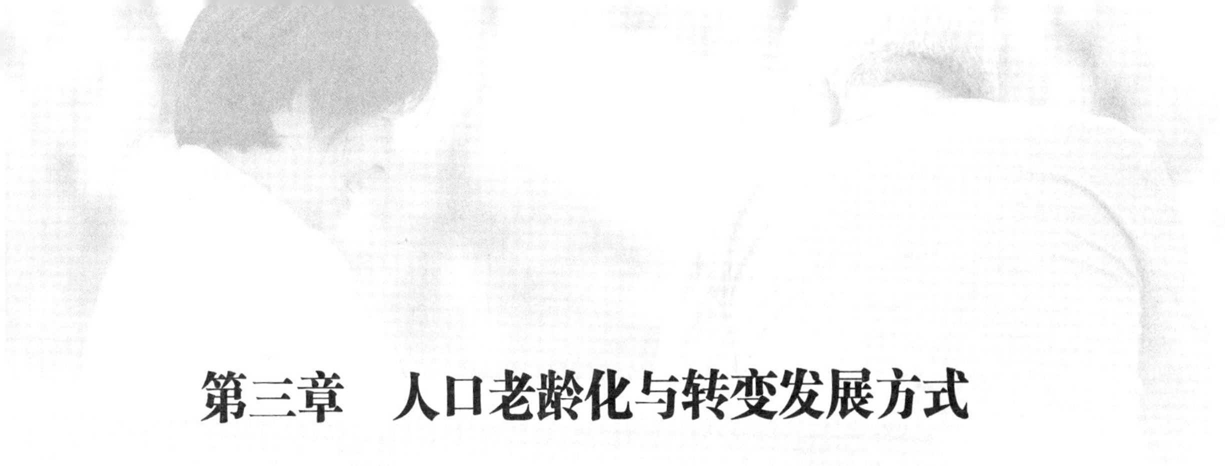

第三章 人口老龄化与转变发展方式

转变发展方式则是实现经济高质量发展的关键途径。十八大以来，习近平总书记立足国内外经济形势新变化，围绕加快转变经济发展方式进行了积极探索，指出，“我国正处于转变发展方式的关键阶段，劳动力成本上升、资源环境约束增大、粗放的发展方式难以为继，经济循环不畅问题十分突出”，“我们要立足国情，根据条件变化，加快转变经济发展方式”“经济发展方式正从规模速度型粗放增长转向质量效率型集约增长，……是我国经济发展阶段性特征的必然反映，是不以人的意志为转移的。”加快以质量效率型发展方式替代规模速度型发展方式是更好应对世界经济深刻变革、适应新时代我国社会主要矛盾变化、推动我国经济走向更高质量发展的必然要求和战略选择。

一、相关研究综述

（一）转变发展方式的内涵与途径

“转变发展方式”，针对不同时期经济发展面临的突出问题和弊端，在视野和内容上对“转变增长方式”的继承和发展。蒋志华等（2010）认为，转变发展方式由粗放型向集约型、从低级向高级、从局部经济增长向全面经济发展转变，最终实现从传统经济发展方式到现代经济发展方式转变。逄锦聚（2010）提出，经济结构合理是转变发展方式的重要内容和必要条件。张玉台（2007）认为，转变发展方式不仅包括从粗放型到集约型转变，也包括产业结构优化升级、经济发展质量和效益提高、资源节约和环境改善、社会公平程度提高等。黄泰岩（2007）认为，转变经济发展方式不仅指粗放型发展模式向集约型发展模式、外延式发展向内涵式发展转变，还包括向建设资源节约型和环境友好型社会转变，向以人为本的经济发展方式转变，向经济发展质量和效益并举转变，向全面优化经济结构转变，向多元化发展目标转变，向知识经济发展方式转变，最终实现人与社会的和谐发展。杨玉霞等（2008）则认为，转变经济发展方式是在注重实现要素生产率增长的基础上，要切实维护和实现最广大人民的根本利益。欧志文等（2008）指出，转变发展方式是数量型扩张向质量型发展的升华，既要突出经济数量变化，也要注重优化经济结构和提升经济运行质量，既要顾及经济的健康、科学和持续发展，又要顾及经济结构的调整、优化和产业升级，满足就业、消费、分配等社会需求。陈柱兵（2008）指出，转变经济发展方式要以人为本，统筹城乡发展、统筹区域发展、统筹经济社会发展、统筹人与自然和谐发展、统筹国内发展及对外开放，使经济发展朝着有利于人类和社会全面发展的目标前行。

转变发展方式比转变增长方式的过程更复杂、要求更高。徐佳宾（2007）指出，转变经济发展方式涉及经济增长中产业结构、需求结构、要素结构如何优化提升，生态环境如何有效保护，人与自然关系如何协调，经济社会如何均衡发展，发展成果如何公平分配等转变。姜作培（2008）认为，衡量转变发展方式指标，既包括国内生产总值和人均国内生产总值等经济指标，还包括政治、社会、生态等涉及全面、协调、可持续发展的非经济指标。在经济发展方式转变过程中，政府应该起重要作用。转变经济发展方式关键是要提高政府的执行力。王志乐（2010）认为，跨国公司在转变中国经济发展方式过程中发挥着重要作用。贾根良（2010）提出，传统计划经济体制是转变发展方式难以实现的根源，要深化市场经济体制改革，走独立自主型的经济发展之路。陆铭（2010）认为，中国劳动密集型产品比较优势依然存在，只要中国劳动力质优价廉的优势不发生变化，出口导向的转变发展方式路径就不会发生变化。

（二）老龄化与劳动力供给

老龄化下，人口年龄结构发生变化，对社会的劳动力供给产生影响。沈飞（2015）提出，人口老龄化不仅改变一个国家或地区人口年龄结构，还将通过劳动力供给、劳动生产率、人力资本投资、需求结构变动和社会保障对经济增长和人们生活产生深远影响。王金营等（2006）在充分考虑人口老龄化、劳动参与率年龄模式变动以及受教育水平提高影响的基础上，对未来劳动供给进行预测显示，如果不考虑65岁及以上人口的就业，到2016年将达到从业人员的高峰7.58亿，其后持续减少，到2050年前后减少到6.4亿；如果考虑65岁及以上人口的就业，我国的就业高峰将出现在2022年前后，到2045年以后，劳动力供给将大规模减少。王云多（2014）运用动态世代交叠模型，预测人口老龄化对劳动力供给和人力资本投资的短期和长期影响，研究表明，短期内人口老龄化为年轻人提供了更多人力资本投资机会，导致劳动力供给减少，产出水平下降，人口老龄化的经济成本增加；长期内人口老龄化为社会提供更多的熟练劳动力，提高劳动参与率和产出水平，降低了人口老龄化的经济成本。周祝平等（2016）认为，人口老龄化对劳动力参与率的影响越来越重要。人口老龄化在解释劳动力参与率差异方面起到重要作用。人口老龄化与劳动力参与率存在显著的负相关关系，收入水平与劳动力参与率之间存在着倒 U 形曲线关系。王莹莹等（2015）认为，人口年龄结构的老化特别是劳动年龄人口的老化对劳动参与率具有负向影响。政府应积极开发老年人力资源以提高老年人口的劳动参与率；提高劳动生产率，优化产业结构，从而带动就业结构的优化，减少低端劳动密集型产业的发展，减轻未来对劳动力供给的压力，从而应对人口老龄化对劳动供给的冲击。呼倩（2019）研究表明，人门老龄化程度每加深1%，潜在劳动供给和真实劳动供给下降约2%，经济活动人口劳动参与率下降1.2%，就业人口口径的劳动参与率则未显现下降趋势，人口老龄化显著提高了劳动熟练程度，但对劳动力的受教育水平和劳动强度的影响不显著。

老龄化对劳动力供给的影响不是简单的负面影响，也不是简单地影响劳动力供给数量。彭秀健（2006）运用“中国可计算一般均衡模型”进行分析显示，中国人口老龄化将通过劳动力的负增长以及由此导致的物质资本的低增长减缓了中国经济增长的速度。人均物质生活水平仍然会继续增长，但是增长的速度会不断下降。在人口老龄化背景下，技术进步和生产率的不断提高是维持中国经济可持续增长的主要源泉。王立军等（2012）从劳动者受教育水平、劳动熟练程度、劳动强度及经济活动人口比重变化4个方面分析了老龄化对劳动力供给的综合影响，结果表明，尽管从长期看，随着老龄化程度的加深，劳动力供给下降趋势不可逆转，但劳动力质量的提升会弱化或延缓这一趋势。周浩等（2016）提出，劳动力实际供给量下降的速度比劳动适龄人口下降的速度更快。随着劳动力供应数量降低，劳动力成本会上升，削弱了制造业产品的成本优势，将使很多出口企业利润下降，影响企业对科研、技术进步的投资，抑制了企业竞争力的提高。曹荣荣等（2018）探究人口老龄化背景下，健康影响劳动力市场的理论机制发现，良好的健康状况会增加劳动供给时间；健康与劳动供给时间存在交互影响，劳动供给时间增加能够改善健康；不同户口状态下，健康对劳动供给时间的影响存在异质性。封进（2019）指出，人口老龄化和社会保障制度对劳动力市场带来了冲击。表现为，企业社保缴费降低了劳动需求；退休年龄制度减少了老年劳动参与，延迟退休又有可能减少隔代照料供给，不利于年轻一代劳动供给；社保基金在地区层面运营阻碍了劳动力流动；劳动力高龄化倒逼企业更多使用自动化和机器人，提高了劳动生产率，但同时减少了劳动需求。郭东杰等（2020）研究发现，老年抚养比对劳动参与率产生显著的负影响，人均养老保险支出对劳动参与率产生显著的正影响，两者的交叉影响则为负数。为维持适度的劳动参与率以促进经济增长，应进一步放宽计划生育，落实相关的配套政策。

（三）老龄化与资本积累（储蓄）

老龄化改变人口年龄结构，不同年龄群体居民消费倾向存在差异。王宇鹏（2011）研究表明，人口老龄化因素显著影响中国城镇居民消费行为，老年人口抚养比越高，城镇居民平均消费倾向越高；消费习惯是近年来城镇居民平均消费倾向下降的原因之一。陈冲（2013）研究发现，老龄化水平对城镇居民消费率的影响还不凸显，但是对农村居民的消费率具有较为显著的负影响。由于我国城乡居民消费决策谨慎、习惯稳定，因而短期内伴随着城乡居民收入水平的稳定增长，城乡居民消费支出增长相对缓慢，居民消费率可能呈下降趋势。田成诗等（2020）研究发现，老龄化对宏观经济呈消极影响。在劳动力参与率不变的假定下，老龄化导致人均消费降低、资本劳动比率增加、资本回报率降低；利用财政政策调节居民消费与储蓄的措施实施越早，对消极影响的抵消程度越大；提高劳动参与率可部分抵消老龄化所带来的居民消费水平和资本回报率下降等消极影响。臧旭恒等（2020）研究显示，人口老龄化对居民消费倾向的影响具有显著的双门槛特征，随着养老保险发展水平的提高，人口老龄化的消费效应由负转正，并且正向效应逐渐加强；东部地区的门槛值大于中部、西部地区，享受型消费的门槛值大于发展型消费。提高养老保险支出水平与覆盖率，能够使人口老龄化对居民消费倾向的影响由负转正（西部地区，享受型消费）或增强人口老龄化的正向消费效应（东部、中部地区，发展型消费）。王雪飞（2022）研究发现，人口老龄化会导致我国生产性服务业全要素生产率的下降，但会带动我国生活性服务业全要素生产率的提升。我国人口老龄化存在比较明显的南北差异和东西差异，其对生产性服务业和生活性服务业全要素生产率的影响效应也呈现出较为明显的差异。刘成坤（2021）研究结果表明，农村人口老龄化对农业全要素生产率的影响显著为正，农村人口老龄化会通过人力资本积累效应推动全要素生产率增长，通过劳动力供给效应和科研投入效应对全要素生产率增长产生显著的阻碍作用。此外，农村人口老龄化对农业全要素生产率的影响还存在显著的区域异质性，农村人口老龄化对中西部地区农业全要素生产率的影响并不显著，但会显著阻碍东部地区农业全要素生产率的提高。魏佳朔等（2022）研究发现，农业劳动力老龄化对粮食全要素生产率增长可能存在一定的负面影响，这在小麦生产中更为突出。具体而言，这一负面影响在粮食全要素生产率增长较快、更依赖粮食或农业经营收入的农户以及农业劳动力老龄化进程较快的农村地区更为明显。为应对农业劳动力老龄化对粮食全要素生产率带来的影响和挑战，应加强农业生产经营人才队伍建设，发展壮大农业生产社会化服务体系，建立健全农地经营权流转市场运行规则。

老龄化改变人口年龄结构，会影响居民储蓄，从而影响社会资本积累。唐东波（2007）认为，不论是短期还是长期，人口年龄结构对中国居民储蓄的作用都是显著的扩张性影响。根据现阶段中国居民高储蓄与人口老龄化关系密切的事实。王森（2010）分析显示，中国人口老龄化对居民储蓄率的影响只占1%左右，而居民收入增长率和通货膨胀率的影响，却分别约占25% 和10%。汪伟（2010）研究发现，出生率（人口增长率）下降会提高国民储蓄率与人均 GDP 的增长率，人口老龄化对储蓄率影响不确定。市场经济转型带来的经济高速增长与人口政策转变带来的抚养系数下降导致中国储蓄率不断上升，经济增长对储蓄率上升的贡献随着适龄劳动人口数量的增加而被强化，但会随着人口老龄化程度的加深而被弱化。史晓丹（2013）运用三期世代交叠模型分析人口结构对储蓄率的影响，发现老年抚养比与储蓄率负相关，提高劳动参与率及提高劳动生产率将减少人口老龄化对储蓄率过快降低的影响。万克德等（2013）从城镇居民储蓄率、消费规模、消费结构3个方面分析了人口老龄化对居民消费需求影响的方向、大小及程度。结果表明，人口老龄化将会引起城镇居民储蓄率的降低，人口老龄化对储蓄率的影响呈现出正反相错，交替出现的特征，但累积呈现反向影响，且在长期中影响程度保持相对稳定。陈彦斌等（2014）研究发现，人口老龄化虽然是拉低中国国民储蓄率的最主要因素，但尚不足以彻底改变中国的高储蓄特征，因为人口年龄结构的变化相对于一般经济变量来说是比较缓慢的；其作用的发挥需要较长一段时间的积累；人均收入水平的快速提高会对人口老龄化的影响产生明显的抵消效应；国民储蓄率在当前已经处于超高水平，即使大幅下滑近25个百分点，仍然在世界范围内处于高水平。

（四）老龄化与全要素生产率

转变发展方式，既是形成新型人口、资源、环境协调关系的必要条件，也是获得可持续经济增长源泉的关键。可以从应对老龄化等角度，探讨提高全要素生产率在转变经济发展方式中的重要作用（蔡昉，2012）。郑绪涛（2017）研究表明，中国经济增长模式需要人口红利型增长转变为生产要素驱动型的模式，人口红利型增长向全要素生产率增长的转变模式是保持经济长期关键，也是从中等收入陷阱跨越高收入经济的关键。熊永莲等（2016）研究显示，老年抚养比提高对全要素生产率的影响为负，东部、中部地区老龄化问题的负面影响较为严重，东部、中部地区老年人口比重的上升将削弱东部、中部地区经济的长期发展潜力。匡远配等（2015）研究表明，农村人口老龄化率并不影响农业全要素生产率的增长。孙一菡等（2017）研究显示，劳动力老龄化对全要素生产率（TFP）总体呈抑制作用，但当我们综合考虑学历和年龄两方面因素时，劳动人口老龄化程度加剧并不必然会阻碍经济的持续增长，其中具有较高教育水平的劳动人口老龄化显著提高了 TFP 水平。王伟斌（2017）研究认为，人口结构的演变使得劳动年龄人口占比开始下降，就业人数增长滞缓，劳动数量对经济增长的贡献大大下降。同时，劳动力质量的贡献稳步提高，并已远超劳动数量的贡献，其对经济增长的正面效应逐步凸显。胡日东等（2021）指出，人口老龄化带来的劳动力供给结构变化不利于制造业企业全要素生产率提升，但会促使企业转变发展方式，并通过对其他因素的影响促进制造业企业全要素生产率提升。顾洪明等（2023）人口老龄化通过影响产业结构布局、缩小储蓄投资规模、降低劳动力生产效率、加剧不平等程度，抑制了经济高质量发展。异质性检验发现，在高人力资本水平和“有为政府”下，能够有效缓解人口老龄化的负面影响。薛天航等（2023）指出，推动经济增长方式由要素驱动型转换为 TFP（全要素生产率）驱动型，是应对人口结构转型和劳动力成本上升的重要路径。金绍荣等（2023）认为，人口老龄化能够显著提升农业绿色全要素生产率，并存在明显的区域差异，西部地区和粮食主产区的作用较显著；从中介效应看，人口老龄化显著地促进农地流转。戴浩等（2023）指出，农村人口老龄化在实现农业高质量发展的过程中扮演重要角色，农村人口老龄化对农业高质量发展地区异质性：东部地区为正向促进作用，中西部地区的阻碍作用则较为明显，起显著负面效应。提出加快消除区域经济发展差距；加快创新农业生产模式，以制度红利弥补人口红利等建议。杜建国等（2023）研究发现，农村老龄化的人力资本结构显著抑制了农业绿色全要素生产率的提升；在受教育程度低的地区以及中国西部地区，农村人口老龄化对农业绿色全要素生产率存在显著的抑制作用，而在受教育程度高的地区以及中国东中部地区，农村人口老龄化对农业绿色全要素生产率的影响不显著。李贵芳（2023）指出，劳动力老龄化对粮食绿色全要素生产率具有显著的负效应，劳动力老龄化会促进农业社会化服务的发展，农业社会化服务有利于粮食绿色全要素生产率提升。劳动力老龄化主要通过“倒逼机制”使农业社会化服务发挥了积极的中介作用，在一定程度上减缓了劳动力老龄化对粮食绿色全要素生产率的消极影响。魏佳朔等（2023）研究发现，农业劳动力老龄化减缓了小麦全要素生产率增长，并且随着老龄化程度加深，这一负面影响将会扩大。原因是农业劳动力老龄化降低了小麦种植户采用新型技术的概率，减缓了技术进步。

老龄化通过影响劳动力供给和资本积累，会进一步推动产业转型、倒逼技术创新，从而影响全要素生产率。王婷等（2017）分析得出，人口老龄化分别基于消费结构、劳动力占比和储蓄倾向三类效应路径影响人口红利。武宵旭等（2018）研究表明，老龄化会显著抑制绿色 TFP 增长，且抑制作用随老龄化的加剧而加深。中介效应发现，老龄化可通过提高基础创新来缓解对绿色 TFP 的负向影响，通过应用创新、个人医疗和公共医疗进一步阻碍绿色 TFP 的提升，但影响方式存在差异性。逯进等（2019）研究发现，人口自然增长率的下降、城镇化率和劳动年龄人口比重的提高有助于激发劳动力对经济增长的促进作用，而老龄化水平的上升与人力资本水平的下降则会强化经济增长对资本的依赖。陈彦斌等（2019）研究表明，人工智能主要通过三条机制应对老龄化的冲击，进而促进经济增长。一是提高生产活动的智能化和自动化程度从而减少生产活动所需的劳动力；二是提高资本回报率从而促进资本积累；三是提高全要素生产率。穆怀中等（2020）从劳动力供给效应、居民储蓄效应、消费需求效应和人力资本积累效应四方面实证分析了人口老龄化对装备制造业全要素生产率的影响及作用机制发现，人口老龄化可显著正向影响装备制造业全要素生产率，但存在区域差异，其影响机制为减少劳动力供给、增加居民储蓄、增加消费需求和提高人力资本积累。霍杰（2023）研究发现，人口老龄化可以通过影响人力资本、科技创新、劳动力供给来间接影响制造业全要素生产率。蒋健等（2023）研究发现，农村人口老龄化对农业全要素生产率的抑制作用要强于促进作用。从全国层面来看，农村人口老龄化通过劳动力供给数量、质量以及资本投入三个方面对农业全要素生产率产生抑制作用，通过技术经验累积以及技术更新对农业全要素生产率产生促进作用。孙玉阳等（2023）研究发现，人口老龄化促进了绿色经济增长，绿色技术创新与资本替代成为人口老龄化促进绿色经济增长的主要路径。绿色经济增长随着人口老龄化程度加深而呈现边际递减趋势。中高收入地区比低收入地区的人口老龄化促进绿色经济增长效果更加明显。刘康（2024）提出，少子老龄化关乎长期社会经济发展，需在长期角度制定应对策略，以劳动力质量和效率提高，资本要素投入以及对劳动力的替代为切入点，促进技术进步，最终实现全要素生产率的提高。

二、转变发展方式的理论基础

（一）马克思主义关于转变发展方式的理论阐释

马克思关于转变发展方式的理论阐释主要体现在其经济增长理论中。马克思经济增长理论阐释了社会化大生产基础上市场经济运行的客观规律。马克思提出，社会总产品补偿分为实物补偿和价值补偿，将社会总产品生产分为生产资料部类（第Ⅰ部类）和消费资料部类（第Ⅱ部类），把社会总产品划分为不变资本（c）、可变资本（V）和剩余价值（m）。运用资本有机构成（c/v）说明社会生产商品数量与技术进步的关系，将扩大再生产分为外延式和内涵式两类。通过区分资本主义简单再生产和扩大再生产，阐述了经济增长的静态和动态均衡条件。在静态均衡条件下，社会再生产的实现条件取决于两大部类之间的比例关系是否合理，只有当第Ⅰ部类的工人和资本家所需要的消费资料的价值总额等于第Ⅱ部类所需要的生产资料的价值总额，社会总产品再生产才能实现。静态均衡还需要考虑社会生产资料总供给与社会生产资料总需求之间的比例关系，社会消费资料供给与社会消费资料总需求之间比例关系。在动态均衡条件下，社会总产品再生产能否顺利进行和能否增长均衡的基本条件取决于经济增长的结构特征。在社会生产的两大部类存在互为条件、互相制约的内在联系，第Ⅰ部类总供给与总需求是否一致和第Ⅱ部类总供给与总需求间是否平衡，是实现经济均衡增长的条件。实现社会经济的可持续增长，两大部类必须均衡、协调发展。为此，在劳动力供给过剩的条件下，决定一个国家或一个地区经济发展的主要因素是资本投资增长率和科技进步速度。在短期内，科技进步速度是有限的，经济发展主要靠投资来拉动。从长期来看，资源束缚使得资本供给受到限制，经济发展主要靠技术进步来推动，是通过人来实现经济增长。

马克思最早在讨论农业经营时，采用了粗放和集约的概念，并简单阐述了两者之间的经营差异，这可以看作是后来粗放型和集约型经济发展方式差异的起源。转变发展方式的基本要求是实现经济增长由主要依靠投资、出口拉动向依靠消费、投资、出口协调拉动转变，由主要依靠第二产业带动向依靠第一、第二、第三产业协同带动转变，由主要依靠增加物质资源消耗向主要依靠科技进步、劳动者素质提高、管理创新转变。马克思的经济增长理论不仅适用于资本主义市场经济，也适用于社会主义市场经济。这一理论对于推动社会主义市场经济的发展具有重要的理论基础作用。

（二）西方经济学有关转变发展方式的理论

1. 索罗－斯旺模型

索罗－斯旺模型（solow-swan model）作为一种新古典增长模型，主要用于分析和解释经济体的长期经济增长趋势。它着重探讨了资本积累、劳动力增长和技术进步这三大基本要素对经济增长的作用。模型认为，当资本深化达到一定阶段后，边际收益递减规律会导致资本积累对经济增长的贡献逐渐减少，最终经济会收敛到一个稳定状态，其中经济增长主要由技术水平的提升（全要素生产率增长）决定。模型揭示了单纯依靠扩大投资和增加物质资本投入的发展方式存在局限性，难以支撑持续的高速经济增长。

2. 新经济增长理论

新经济增长理论（new growth theory）是在传统新古典增长理论基础上发展起来的一种经济理论，它强调知识、技术进步、人力资本积累、研发创新等内生因素在经济增长过程中的重要作用。与传统的索罗 - 斯旺模型相比，新经济增长理论认为经济增长不是自动趋于均衡状态，而是可以通过内生因素持续促进。新经济增长理论主张经济增长应当更多地依靠科技创新、知识积累和人力资本投资来驱动，而非简单的实物资本积累。经济发展方式应该从依赖资源消耗和低技术含量的生产方式，转变为依托科研开发、技术创新和高素质人才为核心的新型增长模式。其中，技术进步带来的收益是非线性的，即一小部分的研发投入可以带来较大的经济增长，知识和技术的使用会产生溢出效应，形成正反馈循环，激励更多的创新活动，从而推动整个社会经济系统不断提升和发展。

3. 凯恩斯主义理论

凯恩斯主义理论侧重于解决短期经济波动和就业问题，本身并未直接提出一套完整的长期经济增长和结构转变的战略，但它关于宏观经济政策调控和市场失灵的认识，无疑为现代经济增长理论提供了重要的基础。凯恩斯主张通过政府干预，尤其是在经济衰退时期增加公共支出、降低税收等方式刺激总需求，以克服有效需求不足引起的经济停滞。在转变发展方式时，这意味着可以通过调整公共投资的方向，引导社会资本流向新兴产业和高附加值部门，助力经济结构的转型升级。凯恩斯强调投资对经济增长和就业的影响，认为投资是决定经济周期的关键因素之一。转变发展方式时，应关注投资的质量和结构，鼓励企业和社会加大对技术研发、基础设施建设以及人力资源开发等有助于提升长期发展潜力的投资。

4. 新制度经济学

新制度经济学（new institutional economics）致力于研究制度因素如何影响经济行为、资源配置效率和经济增长，并将制度视为经济活动的内在组成部分，强调了制度在经济分析中的核心地位。新制度经济学认为经济发展的质量和速度在很大程度上取决于经济体系内的制度安排，包括正式制度（法律、法规、政策）和非正式制度（社会规范、习俗、信任机制）。转变发展方式的核心在于制度创新和改革，旨在通过优化制度安排来促进经济从传统、粗放的经济增长方式向集约、创新、可持续的增长方式转变。

三、人口老龄化对生产要素的影响

任何时期经济朝向更好方向的发展都是以提高既有资源的配置效率和使用效率为基础和前提的。我国经济迈向更高质量的发展阶段，不管采取何种措施和路径，也都是从提高生产产品和服务所使用的包括劳动、资本、土地、技术和数据在内各项生产要素的配置和使用效率开始。

（一）人口老龄化与劳动力数量

人口老龄化是一个全球性的社会经济现象，人口老龄化进程伴随着生育率的持续走低以及人均预期寿命的显著提高。当一个国家或地区的老龄化进程加剧时，劳动年龄人口的构成比例发生显著变化，15~64岁的适龄劳动人口占比逐渐下滑，而65岁及以上的老年人口比例则持续攀升。

首先，生育率降低是导致劳动年龄人口减少的关键因素之一。生育率下降意味着每一代人的数量相较于前一代人在减少，新生代人口不足以替代即将步入老龄的劳动力。尤其是在实施严格计划生育政策或者由于社会经济变迁导致个人选择晚婚晚育、少生优生的国家，这种代际人口减少的现象尤为明显。随着时间的推移，劳动力队伍的新鲜血液注入减缓，劳动年龄人口基数自然呈现下降趋势。其次，随着医疗技术进步和生活水平改善，人们的预期寿命不断延长，老年人口的绝对数量和占总人口的比例逐年增高。这意味着原本可以作为劳动力大军成员的年轻人越来越少，而已经完成工作生涯、进入退休阶段的老年人却越来越多。这种“两端挤压”的效应使得劳动力市场面临前所未有的供应紧张。

生育率下降和预期寿命的不断延长工作作用下，年轻劳动力的补充速度无法跟上老年人口快速增加的步伐。一方面，劳动年龄人口总量的减少直接影响了整体经济的潜在产出，抑制了经济增长的动力；另一方面，劳动力市场的供需失衡可能推高工资水平，增加企业成本，进而影响国际竞争力。劳动数量的减少对产业结构和经济发展战略产生重要影响。由于劳动力短缺，特别是某些领域如制造业、建筑业等依赖大量年轻劳动力的行业，可能遭遇招工难的问题。

老龄化导致劳动力数量变化的冲击下，企业开展转型有两个主要路径。一是自动化、智能化转型。引入先进的自动化设备和技术，如工业机器人、人工智能、物联网等，实现生产线自动化，降低对人工的依赖。这种方式不仅能解决劳动力短缺问题，还可以显著提高生产效率和产品质量，降低生产成本。此外，智能制造还能助力企业实现定制化生产和服务，满足市场多元化、个性化需求。二是从劳动密集型转型为资本密集型或技术密集型。劳动密集型企业可以通过引进高新技术改造传统工艺流程，转向依靠先进技术、高素质人才和大规模资金投入驱动的企业发展模式。例如，从传统的制造业升级为高端装备制造业、信息技术产业等，这些产业通常拥有更高的附加值和技术壁垒，不易受劳动力供需波动的影响。

（二）人口老龄化与劳动力结构

随着人口老龄化的不断深化，劳动年龄人口内部年龄层次的显著重组。年轻劳动力，特别是15~44岁的青壮年劳动力群体规模相对萎缩，青壮年劳动力群体比重下降，一方面削弱了劳动力市场的活力和创新能力。相对而言，青壮年充满活力、易于接受新鲜事物，拥有较高的学习能力和技术适应性，对于新兴行业和技术革新起着至关重要的推动作用。另一方面降低了整个社会的劳动效率。在很多情况下，青壮年人群通常被视为经济增长的引擎，年轻人的工作热情、创新思维以及对新技术的快速接纳和应用能力有助于提升工作效率和产品质量。

随着人口老龄化的不断深化，劳动力市场的另一个现实情况是，接近退休年龄但依然坚守在工作岗位的劳动力数量在增多。这些经验丰富但体能和精力可能不如青年人的劳动者，在专业技术积累和管理经验上有着不可忽视的价值，但在适应新技术快速发展和高强度工作节奏方面可能略显吃力。年轻一代凭借对新技术的敏锐触觉和现代理念，正在重塑各行各业的技术格局和商业模式，而老一代员工则拥有深厚的传统技艺和行业智慧。这两类群体的技能组合和经验传承如果不能得到妥善衔接和整合，可能会导致劳动力市场的供需匹配出现问题，即新型就业岗位缺乏合适人选，而传统行业又难以找到拥有必要技能的接班人。

老龄化会促使产业结构发生调整，从传统的劳动密集型产业向技术密集型和服务业倾斜，这将重塑各产业的就业格局。农业作为典型的劳动密集型产业，人口老龄化会导致农村劳动力的短缺，尤其是体力充沛的年轻劳动力减少，使得农业生产和经营面临较大挑战。随着农业现代化、机械化的推进，劳动力需求可能会减少，但由于老年农民的体力和技术更新能力有限，第一产业的就业比重可能会逐步下降。工业部门同样受到劳动力供应减少的影响，特别是在传统的劳动密集型制造业，由于劳动力成本上升和可用劳动力减少，企业可能被迫进行技术改造和产业升级，转向自动化和智能化生产，减少对人力的依赖。这会导致第二产业中一些低端制造环节的就业比重下降，但同时也可能推动高技术含量和高附加值的新兴产业就业比重上升。老龄化社会下，与老龄相关的服务业迅速扩张，创造更多的就业机会。同时，由于第三产业中的许多岗位对年龄限制相对宽松，能够容纳更多老龄劳动力，所以第三产业的就业比重可能会持续增长。2011—2022年我国三大产业就业人口比重如图3-1所示。

（三）人口老龄化与人力资本积累

人口老龄化问题日益突出，不仅带来了劳动力数量和劳动力结构的变化，同时也促使人们更加重视人力资本的积累。在人口老龄化的背景下，人们意识到延长的职业生涯使得终身学习和职业技能更新变得至关重要。老年人口群体，

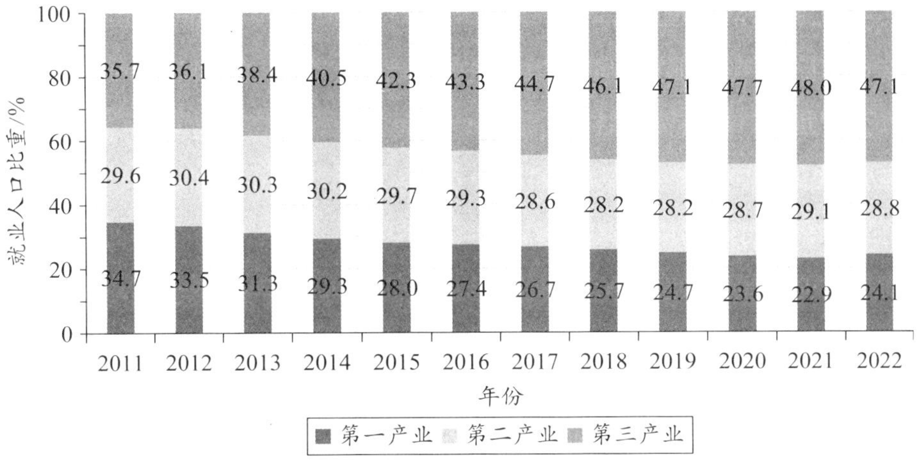

图3-1　我国三大产业就业人口比重

不再满足于传统的退休生活安排，越来越多的人选择继续接受教育和职业培训，以适应不断变化的市场需求和技术革新。这种现象推动了人力资本的深度和广度积累，表现为技能的升级、知识的丰富以及创新能力的提升。这种人力资本的增量积累有助于缓解因劳动力总量下降带来的潜在经济压力，即使总劳动力规模有所缩减，但剩余劳动力的整体素质和工作效率却得到了实质性的提高。

老年人口通过持续学习和培训，可以保持其在工作场所的竞争力，甚至在某些领域发挥“银发人才”的优势，如经验丰富的管理、专业技术指导等。他们的参与有助于企业和社会整体劳动生产率的提升，同时也为年轻一代树立了终身学习的良好榜样，进一步激发全社会对人力资本投资的热情。2017年上市公司高管的年龄分布如图3-2所示，相较于2009年，高管们的平均年龄增长超过了2岁。

为积极应对老龄化社会，政府和社会机构也在积极推动针对老龄群体的教育培训政策和项目，鼓励他们在退休后继续参与到各类学习活动中，以保持其在社会经济活动中的活跃度。这样不仅能够优化人力资源配置，增强经济发展的内在动力，还能在一定程度上减轻社会保障体系的压力，构建更为和谐稳定的经济社会环境。在人口老龄化的过程中，人力资本的积累扮演着至关重要的角色。面对未来可能出现的劳动力短缺及经济结构调整，需要通过一系列政策

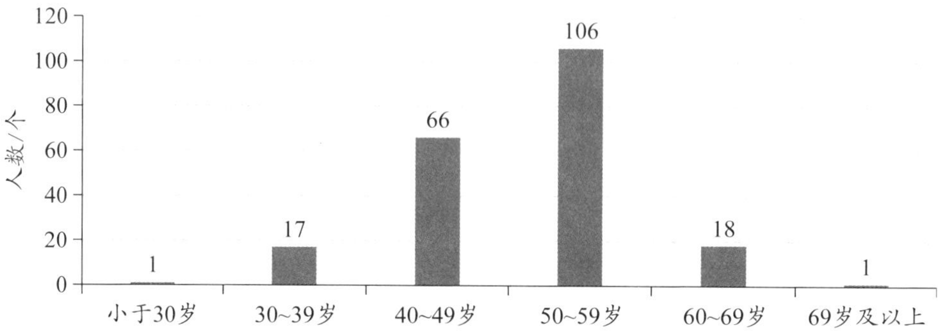

图3-2 上市公司高管年龄分布

措施，充分挖掘并利用好老龄人口这一宝贵的人力资源，借助终身教育和技能培训，不断提升整个社会的人力资本质量，进而驱动经济社会持续健康发展。

（四）人口老龄化与金融资本积累

老龄化社会下，老龄人口比例逐年攀升。当更多的人口步入退休阶段，从劳动力市场退出，转入依靠退休金、储蓄以及社会保障系统维持晚年生活状态。

首先，从国家层面看，随着老龄人口的增加，对社会保障系统的依赖度显著提高。社会保障体系的核心组成部分——养老金面临着巨大的支付压力。如果未能有效积累足够的养老金储备，或者退休储蓄计划实施不到位，那么当退休人口迅速增长时，养老金的支付需求将大大超过实际可支付能力，由此产生的资金缺口将对公共财政造成沉重负担。政府不得不动用更多的公共资源来弥补这一缺口，可能会削减其他领域的开支，或者增加税收、社保缴费等，以维系社会保障体系的正常运转。长此以往，不仅可能削弱公共财政的稳定性，还可能对基础设施建设、教育、卫生等领域的发展造成制约，影响社会资本的积累和再生产。2010—2022年城镇职工基本养老保险资金结余情况如图3-3所示。

其次，个人层面也同样感受到老龄化社会带来的挑战。临近退休年龄的人群，为了保障自己在退休后能够享有较为舒适的生活，理论上应在职业生涯前期就开始积极地储蓄和投资。这包括但不限于定期存款、购买商业养老保险、投资股票、债券等金融产品，甚至是房地产等实物资产。通过这种方式，个体能够积累起一笔可观的金融资本，为晚年生活提供财务支撑。这种储蓄和投资行为对金融资本积累具有双面效应。正面效应表现在，大量的退休储蓄转化为投资需求，可以激活金融市场，推动金融资本的积累和流通，为经济增长注入动力。负面效应表现在，如果大部分人都集中在退休前进行大量投资，可能会导致市场供需失衡，对资产价格形成冲击。而且过于依赖特定类型的投资（如房地产）可能导致市场泡沫化，一旦泡沫破裂，将对投资者个人乃至整个社会经济体系构成风险。为此，老龄化社会下，养老金缺口的加大无疑会对公共财政造成巨大压力，同时也促使个体在职业生涯前期积极进行储蓄和投资，以期通过金融资本的积累来应对老年生活的不确定性。

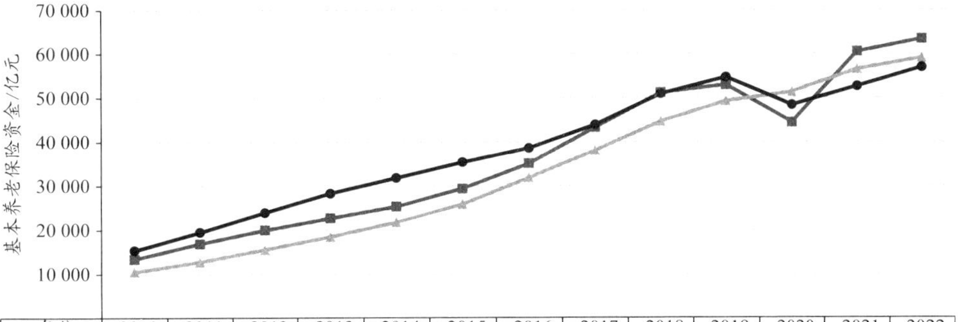

年份	2010	2011	2012	2013	2014	2015	2016	2017	2018	2019	2020	2021	2022
收入	13 419.5	16 894.7	20 001.0	22 680.4	25 309.7	29 340.9	35 057.5	43 309.6	51 167.6	52 918.8	44 375.7	60 454.7	63 323.8
支出	10 554.9	12 764.9	15 561.8	18 470.4	21 754.7	25 812.7	31 853.8	38 051.5	44 644.9	49 228.0	51 301.4	56 481.5	59 034.7
结余	15 365.3	19 496.6	23 941.3	28 269.2	31 800.0	35 344.8	38 580.0	43 884.6	50 901.3	54 623.3	48 316.6	52 573.6	56 889.6

图3-3　城镇职工基本养老保险资金结余 / 亿元

数据来源：国家统计局官网，以下数据如果没有另做说明，都是来源于国家统计局官网。

（五）人口老龄化与养老基金

我国养老保险制度改革建立了统账结合的养老保险制度，属于部分积累制养老保险制度。按照制度设计我国养老保险制度的个人账户部分是采取的基金制度设计，参保人这部分缴费应该进入个人账户进行积累。在我国养老保险制度运行中，为了弥补转轨成本的不足，我国养老保险的个人账户基本是空账运行，但仍然产生了部分基金积累。

我国的社会保险基金还有一个后备基金，就是由全国社会保障基金理事会管理的全国社会保障基金。这一基金与我国的养老保险并没有直接关系。而是考虑到我国养老保险制度存在着一定程度的转轨成本，为了维持基本养老保险制度的财务可持续性，政府通过财政投入、国有资产划拨方式形成基金。基金采取市场化运作保值增值，将来用于弥补基本养老保险资金缺口的后备基金。为了扩大全国社会保障基金的资金规模，国家财政历年来都向基金拨入资金，全国社会保障基金理事会管理的资金规模不断增长，如图3-4所示。

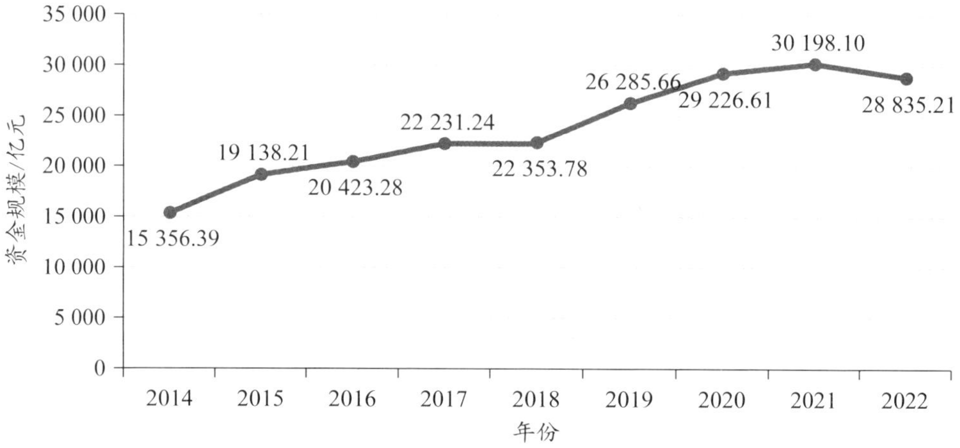

图3-4　全国社会保障基金理事会资金规模

截止到目前，全国社会保障基金理事会管理的资金规模相当庞大，根据全国社会保障基金理事会发布的2022年度报告，截至2022年年末，社保基金资产总额达到了28 835.21亿元。其中，直接投资资产为9 583.01亿元，占社保基金资产总额的33.23%；而委托投资资产为19 252.20亿元，占社保基金资产总额的66.77%。

四、老龄化与市场经济体制改革

马克思明确指出，市场“不承认任何别的权威，只承认竞争的权威”。竞争是市场经济的基本特征，有秩序的市场竞争可以最大限度地降低市场交易成本，也是顺利推进要素市场化改革、提高要素市场资源配置效率的前提和基础。这就需要市场提供公平平等的进入机会和交易机会，允许要素自由流动并在竞争中实现优胜劣汰。然而市场并不是万能的，市场机制本身存在的信息不完善、不完全和垄断等弊端，使得一些妨碍统一市场和公平竞争的规定和做法仍然存在，市场规则还不健全，市场监管还不到位，这些因素都导致了市场交易成本的增加和竞争的不充分、不公平，在不同程度上影响着市场对要素资源的配置效率。进一步厘清政府和市场关系、建立起有利于实现要素市场配置效率的市场秩序对于完善要素市场化配置、保障和提升要素资源的配置使用效率至关重要。人口老龄化的深化客观上会影响劳动力供给、人力资本质量、消费需求和产业结构、技术进步与创新，进而影响全要素生产率和发展方式。此外，老龄化是对社会经济的全方面深远的影响，也会推动市场经济体制改革发生相应的改变。从国际发展来看，以养老基金为主体的机构投资者的快速发展，对于资本市场的发展和完善有着重要意义。

（一）机构投资对资本市场发挥作用

资本市场的发展和完善是一国经济发展的重要条件，也是一国综合经济实力的重要组成部分。从世界各国资本市场发展历史和现状来看，越是发达和完善的资本市场，机构投资者发展越充分，越活跃。换个角度思考，这也说明机构投资者的发展对于资本市场的发展和完善有着重要意义。

（1）机构投资者促进资本市场功能升级。资本市场自身发展的过程就是一个功能逐步完善和升级的过程。一方面，在资本市场发展过程中，资本市场提供的功能逐步升级，这个过程也就逐渐要求市场主体具备较强的资金规模和专业素养。比如证券公募发行时对于承销商资质就有着较高的要求。这样一些职能是普通自然人不能够承担的，必须要有众多合格机构投资者来承担。另一方面，资本市场要保持活跃并稳定发展，必然要求发生交易活动。相对自然人，机构投资者的交易活动频繁，交易规模更加大，能够在资本市场产生稳定持续的市场交易，促进市场功能升级和市场发展。

（2）机构投资者维护资本市场健康发展。资本市场的基本职能是连接资本供给和需求，提供直接融资的渠道，这个过程中通过资本市场用脚投票的交易机制实现优胜劣汰。因此资本市场最重要的功能是优化资本配置。要实现资本市场优化资源配置的基本功能，就要求资本市场健康发展。资本市场的交易应该是以价值投资、长期投资为主。但大量的自然人进入资本市场后，其实并不具备价值投资的技能和方法，也没有长期投资的耐心。通常是跟风炒作，追求短期差价。这样一些交易方式很容易导致市场剧烈波动，不利于市场健康发展。而与之对应，机构投资者由专业人士负责交易，交易人员具有良好的财经分析能力和市场交易手段。机构投资者作为专业也从事市场交易的主体，不会刻意寻求短期价格波动获利后出逃，更多的是会长期投资。机构投资者资金实力更雄厚，更能够采取组合投资，分散投资风险。因此机构投资者的发展更有利于资本市场健康发展。

（3）机构投资者可以降低资本市场交易成本。资本市场的交易主体由自然投资人和机构投资者组成。相比较下，机构投资者汇聚大量的资金进行统一交易，交易规模要远远大于自然人的交易规模。因此完成同样的交易额，机构投资者交易的次数远远少于自然投资人的交易次数。因此机构投资者可以降低资本市场的交易成本。资本市场中，机构交易者占的比重越高，机构交易者交易越活跃，资本市场交易就越有效率。

（4）机构投资者能够改善公司治理结构。随着资本市场的发展和完善，资本市场在越来越多的国家成为金融体系的主体。在英美等国家为代表的主要经济体中，通过资本市场直接融资的规模远远超过通过银行间接融资的规模。这个过程，一个趋势是上市公司的股权越来越分散。大量在二级市场上购买上市公司股票的自然人，虽然成为该上市公司的股东，但几乎不可能去监督公司的经营。只能够通过买卖股票的方式用脚投票。而机构投资者因为具有更大的资金规模，所以可以购买上市公司足够分量的股票。一方面，机构投资者会有意愿去对公司的经营活动进行监督；另一方面，机构投资者也更有能力来进行这样的监督工作，甚至机构投资者可以向公司派出董事会成员，直接参与公司经营。

（二）机构投资者发展的国际经验——以美国为例

美国是世界上资本市场最发达的国家，现代金融市场的重大发展往往都是从美国开始兴起。20世纪60年代后，美国资本市场发展的最大变化就是机构投资者的兴起。这期间，随着美国经济和金融的发展，美国各类金融机构资产规模都有了一定的增长，但以养老基金为代表的机构投资者增长速度远远快于传统金融机构。美国金融市场版图被机构投资者重新改写。在20世纪60—90年代，美国机构投资者快速发展的年代，金融市场格局发生了剧烈变化。传统金融机构资产份额从1960年的51.7% 下降到1994年的32.6%，其中下降比例最大的是商业银行，从1960年的42.8% 下降到1994年的25.9%。机构投资者资产份额从1960年的37.6% 上升到1994年的61.8%，其中上升幅度最大的是私人养老金，从1960年的6.3% 上升到1994年的22%。

机构投资者的快速发展，不仅改变了金融机构之间的资产格局。与传统金融机构主要从事间接融资业务相比，机构投资者的业务运用其金融中介的职能，汇聚大量的金融资产，进行保值增值。因此，在业务选择方面，机构投资者更偏向于股权投资。随着机构投资者资产规模的不断扩大，机构投资者运用于股权投资的资金也越来越多。这就意味着上市公司的股份结构也会随之发生改变，甚至影响公司的治理结构。

机构投资者的兴起，彻底改变了上市公司的股权结构，在1990年，美国机构投资者持有的股份已占股市总值的53.3%；到2001年，这一比例进一步增加到了57.6%；截至2007年年底，在美国最大的1 000家企业中，机构投资者的持股比例已飙升至空前的76%，其中养老基金和共同基金的增长尤为显著，这意味着以养老基金为代表的机构投资者成为美国大型上市公司股权结构中的绝对主力。随着持股比例的上升，机构投资者开始更加关注上市公司的经营，随之机构股东积极主义兴起。

Brancato（1998）的研究表明美国机构投资由消极主义向积极主义转变经

历了四个阶段[①]。

表3-1 机构股东积极主义兴起[②]

阶段	主要内容
阶段一：反对敌意接管	反对绿邮支付，认为公司管理层高价从恶意收购者手中回购自己公司的股票这种行为妨碍了投资者利益。组建机构股东顾问委员会，反对绿邮支付
阶段二：改进公司治理结构	通过股东提案表达意见，关注公司的组织结构与董事会的作用
阶段三：监督公司业绩	通过一些非正式方式来影响管理层的决策，加强了与管理层的私下沟通，增加了与管理层的协商合作。注意力从改善公司治理结构延伸到与公司业绩有关的问题。这些问题，包括测量与评估董事、高层经理的业绩、高层经理的报酬与公司业绩之间的关系等
阶段四：强调公司的长期发展与社会责任	关注公司的长期收益，强调公司的社会责任，主要包括公司生产与产品对环境的影响，平等的雇佣机会，允许雇员、客户、供应商和社区自由表述他们关心的问题，有效的雇员培训计划，评估不影响社区与居民的商品，以及禁止剥夺非股票持有者成员的权利

美国机构投资者的发展经验表明，机构投资者的发展对于资本市场健康发展有着重要意义。同时由于机构投资者大量的股权投资，成为上市公司最重要的股东，随着机构投资者持股比例的上升，机构投资者会加大对上市公司经营的关注，有利于维护投资者利益和公司的长期发展。美国的机构投资者中，发展最快、资产规模最大的就是养老基金，养老基金的发展有利于促进资本市场的发展完善和公司治理结构的改善。

① BRANCATO. Institutional investor and corporate governance[M].New York：IRWIN Professional Publishing, 1998.

② 资料来源：陈仲民.机构投资者与公司治理结构：论发达国家机构股东积极主义的兴起及其对公司治理的影响[D].长春：吉林大学，2005.

第四章　人口老龄化与优化经济结构

经济结构是国家或地区经济系统的内在构成和组织方式，由自然资源、物质资本、人力资本等存量决定，并形成一定时期内的锁定效应。经济结构及其转型升级内生于经济增长过程中，是现代经济发展根本问题和核心问题。经济高质量发展既包括经济总量的扩张与积累，还包括经济质量的不断提升；不仅要求发展的可持续性，还要求结构的合理性。改革开放以来，我国经济在取得伟大成就的同时，经济高质量发展也面临严峻挑战。投资和出口对经济增长的拉动效应持续下降，经济持续增长动力不足；长期的粗放型增长导致生态环境承载力下降、资源约束力度加大；制造业科技含量有待提高，国际竞争力有待进一步加强；区域和城乡间发展不平衡不充分现象依然显著。这些现象的深层原因还是经济结构不合理。从世界各国向高质量发展阶段跨越的经验教训来看，经济结构与发展阶段合理协调是提高经济发展质量的关键。习近平总书记指出，“在我国这样一个经济和人口规模巨大的国家，由高速增长阶段转向高质量发展阶段并不容易。……必须跨越常规性和长期性的关口，也就是要大力转变经济发展方式、优化经济结构、转换增长动力。”围绕结构优化促进经济增长成为新阶段我国实现经济高质量发展的战略之举。

一、相关研究综述

（一）优化经济结构的内涵与途径

二战以后，关注发展中国家经济问题的发展经济学成为现代经济学的重要研究领域，经济发展理论从经济增长理论中分离，经济结构问题的研究受到经济学界的高度重视。Kuznets（1966）指出，现代经济增长工业化之前数千年经济增长的关键特征就在于持续性的技术变迁和产业升级过程；不少发展中国家陷入贫困的原因就在于经济结构转型失败导致的经济增长缺乏可持续性。Chenery等（1986）也认为，现代经济发展的本质就在于经济结构的成功转变，人均产出水平提高与工业化关系密切，快速工业化阶段也是经济增长速度最快的阶段。发展中国家的要素市场的不均衡，经济结构的变动加剧烈，面临的经济结构问题更加突出。Rostow（1992）提出，经济结构水平对人类社会发展阶段有着重要表征意义，可以依次划分为：商品经济不发达，生活水平极低，产业结构上以农业为主导的传统阶段；资本积累、储蓄和投资增加，低水平的现代工业得到发展的起飞前阶段；农业劳动力占比下降，储蓄和投资进一步增加，现代工业加快发展的起飞阶段；产业结构进一步多元化，并且产业结构向高端化方向发展的成熟阶段；人均产出达到很高水平，服务业在产业结构上占主导的消费阶段。Lewis（1954）构建了一个二元经济增长模型提出的“二元经济”理论认为，经济体在经济发展到一定阶段后，传统农业部门中剩余劳动力消失，现代经济部门就会出现工资上升。二元经济理论提出，发展中国家普遍存在二元经济现象，经济发展过程划分为三个阶段：农村劳动力无限供给阶段、农村劳动力有限供给阶段以及农业剩余劳动力全部被吸纳阶段。三个阶段之间的过渡点分别被称为“刘易斯拐点”和“刘易斯第二拐点”。

我国学术界一般认为，经济结构调整与长期经济增长前景相关联，经济增长的长期趋势性变化增强了经济结构调整的紧迫性，长期经济增长的新前景又是经济结构调整的方向。长期经济增长前景来源于资本、劳动等要素投入扩大，更取决于全要素生产率的改善。世界银行等（2013）认为，支撑中国经济长期高增长的原因在于要素投入增加和全要素生产率的提高，同时得益于“后发优势”、经济全球化和产业格局调整等外生因素，以及成功地实施了渐进式市场化改革。对于长期增长前景，刘世锦（2011）、刘世锦等（2014）认为我国由高速增长阶段转为中高速增长阶段，经济潜在增长率将逐渐下降，我国经济结构存在一定程度的资源配置扭曲，包括制造业和服务业之间、不同所有制企业之间、不同规模企业之间以及出口型企业与非出口型企业之间，尤其是在非贸易部门，资源配置的扭曲更为突出。刘世锦等的研究还指出，资源配置优化是提高我国全要素生产率的重要源泉。中国经济增长与宏观稳定课题组（2007）基于我国劳动力供给情况分析提出，我国劳动力数量扩张效应逐步递减，需要提升劳动力素质，来发挥劳动力素质提升的经济增长效应。汤向俊等（2010）认为，随着我国人口红利逐渐消失，资本边际报酬率将逐步递减，高投资增长模式难以维持。蔡昉（2010）运用二元经济结构理论分析我国的人口结构转变，认为我国将面临第一次人口红利（高劳动人口比重）消失的"刘易斯转折点"，应当加快扩大劳动参与率、提高劳动者素质，努力创造第二次人口红利。

在产业结构调整方面，产业升级受到多方面因素影响。金碚（2013a）指出，要从多层次、多角度进行分析，判断产业结构是否合理。干春晖等（2011）将产业结构升级分为产业结构合理化和产业结构高级化，结构高级化聚焦于结构转型升级，可以用第三产业产值与第二产业产值的比值来衡量。涂晓今（2012）认为，产业结构优化升级包括产业结构合理化和产业结构高端化。金培（2013b）指出，我国产业结构演变与我国平推式增长的工业化路径密切相关，调整产业结构的关键在于要从平推式工业化转为立体式工业化路径。世界银行等（2013）指出，政策区别对待影响资源的有效配置，政策频繁干预和政策冲突恶化营商环境，导致产业发展实际结果往往与政府意图不一致。陈璋等（2013）分析指出，高端部门会对低端部门产生生产力和收入传递效应，导致我国经济的不平衡增长特征和相关经济结构问题。只有走技术自主创新道路，才能顺利实现经济结构转变。何德旭等（2008）分析产业结构调整和第三产业发展的就业结构转换效应、产业结构升级效应、技术进步效应和资源再配置效应，认为升级重点是发展高新技术产业、现代服务业和现代制造业。干春晖等（2011）指出，我国产业结构政策的重点是产业结构合理化，要点是要素投入结构和产出结构的耦合。王宇等（2011）认为，第二产业对经济周期波动发挥着主导影响。朱晓华等（2013）指出，产业结构调整有利于促进增长，但经济增长本身并不必然导致结构调整。在全球化背景下，产业升级必须突破单纯的国别视角。霍克（2010）将产业升级引入全球化背景下进行分析提出，受生产者和消费者驱动因素影响，跨国产业转移导致不同国家产业结构梯次升级，其中城镇化是产业结构调整升级的重要路径。马凯（2012）指出，城镇化可以促进人口集聚和产业集聚，推动生活性服务业、生产性服务业和公共服务业的发展，形成一、二、三次产业协同拉动经济增长的格局；能够促进工业结构转型升级，增强企业创新能力，提高科技进步。我国地方政府往往深度介入经济活动，产业结构问题与官员选拔晋升机制密切相关。周黎安（2004）就我国地方官员之间的晋升博弈开展研究指出，地方官员兼具"经济参与人"和"政治参与人"角色，为了在激烈的晋升锦标赛中胜出，往往会理性选择"不合作"策略，导致长期以来地方保护主义盛行、产业布局雷同和区域间恶性竞争等。

在需求结构优化方面，消费需求特别是国内居民消费需求不振，被学术界认为是影响我国经济增长的深层次制约因素。部分学者探究了收入分配格局不合理带来的消费抑制效应。吴建军等（2012）指出，自20世纪90年代中期以来，我国国民收入初次分配和再分配中的家庭部门份额都呈下降趋势，由此导致居民消费率过低和储蓄率偏高。还有学者针对收入增长扩大居民消费的支付能力开展了研究。白景明（2013）系统地分析了我国收入倍增问题并指出，经济增长是收入倍增的基础，政策上应当促进在经济结构调整、物价稳定过程中实现经济高增长，促进工资性收入快速增长。

在城乡协调发展方面，城镇化是一个重要途径。马凯（2012）认为，城镇化有利于节约土地资源、减少农村人口，促进农业现代化；有利于增加农民收入；可以带动"工业反哺农业、城市支持农村"；会加速要素流动，推动城乡统一市场形成，改善农村地区的生产生活环境和公共服务水平，促进城乡一体化发展。沈凌等（2009）认为，低收入者数量减少有利于促进创新活动从而促进经济增长，所以要加快城市化进程。王健（2011）并结合四大主体功能区域的具体情况，探索了新的区域政绩指标体系框架。张杰（2001）认为，区域发展政策涉及国家意愿与财政能力层面，关系到中央政府与地方政府以及地方政府之间的博弈。我国中央政府在制定区域发展政策时，往往根据财力情况灵活变化。在中央财力较弱时，倾向于配置政策资源给地方，鼓励各地区自主发展；在中央财力较强时，倾向于实施区域协调发展政策。

（二）人口老龄化与产业结构

人口老龄化持续加深和产业结构快速转型是我国经济高质量发展所面临的基本结构特征。林擎国等（2001）认为，人口老龄化是经济社会发展不可逆转的大趋势，正对我国产业结构的调整与优化产生深刻的影响。它推动第三产业发展，促使劳动力的产业转移，促进产业结构调整，但不利于产业结构优化。鲁志国等（2003）指出，知识经济时代，人口老龄化对产业结构调整产生负面影响，要对老年人力进行分类管理与利用、发展老龄产业。陈卫民等（2013）基于世界银行 WDI 数据库所做的实证分析表明，人口老龄化对发达国家的服务业发展有显著的促进作用，对服务业就业比重的影响大于对产值比重的影响。张斌等（2013）认为，人口老龄化导致农业部门就业比重上升，工业部门就业比重下降，而服务业就业比重有不确定性，当老龄化的需求影响效应大于其供给效应时，老龄化会提高服务业比重，促进服务业发展，而相对不利于工业部门发展。陈卫民等（2014）检验发现，人口老龄化达到一定程度后，会通过消费路径产生推动服务业（包括产值和就业）比重提升的需求效应，随着老龄化水平提高，需求效应递增；高度老龄化后，在劳动力供给约束下，老龄化推动服务业就业增长的作用不再显著。易昕（2015）研究显示，人口老龄化对产业结构有着显著的影响。其中，人口老龄化对我国的第一产业和第二产业有着一定程度的抑制效应，对第三产业有一定促进作用。刘玉飞等（2016）梳理了人口老龄化与产业结构转变之间的关系，实证研究发现，我国的产业结构升级和人口老龄化均表现出较强的空间正相关性，人口老龄化可以促进产业结构向更高级的方向转变，人口老龄化的产业结构升级效应存在较大的区域差异。李杏等（2017）采用系统广义矩估计方法，实证检验人口老龄化对产业结构的影响发现，老龄化有利于产业结构合理化，而不利于产业结构高级化。钟水映等（2017）认为，从全国层面看，人口老龄化对产业升级有正向促进作用并且正向空间外溢效应显著；从区域层面看，老龄化对东部地区的产业升级是负向影响，对中西部地区是正向影响。马子红等（2017）也认为，整体上来看，人口老龄化不仅阻碍了我国三次产业结构的优化升级，而且限制了我国服务业内部结构的转型升级；分区域来看，人口老龄化对东部地区产业结构优化升级产生了显著的负效应，却对中西部地区的非资源型产业培育、传统产业转型升级产生了显著的正效应。卓乘风等（2018）人口老龄化阻碍了产业结构升级，但这种阻碍作用在东部地区并不显著；中部地区人口老龄化与产业结构之间存在正向关联；对于全国、东部及西部地区而言，随着区域创新能力跨越两个门槛值，人口老龄化对产业结构升级的影响表现出“阻碍→不显著→促进”的演化特征，而对于中部地区，其演化规律则为“阻碍→促进→不显著”。刘成坤等（2018）指出，无论是用差分广义矩估计，还是系统广义矩估计，均显示人口老龄化会显著推动产业结构升级，人口老龄化对各区域产业结构升级的影响存在显著差异，人口老龄化仅对西部和东北地区会产生显著的正向影响，但对东部和中部地区的影响不显著，且对东北地区的影响程度大于西部地区。

汪伟等（2015）研究认为，人口老龄化通过增加消费需求、加快人力资本积累和倒逼企业用资本和技术替代劳动来应对劳动力成本上升，促进产业结构升级；通过降低劳动生产率，抑制产业结构升级。总体来看，人口老龄化不仅促进了中国第一、第二、第三产业间结构的优化，还推动了制造业与服务业内部技术结构的优化。楚永生等（2017）认为，人口老龄化从生产和消费两个方面对产业结构升级产生制约和引导作用。生产上，人口老龄化会带来刘易斯拐点效应、人力资本累积效应和劳动力适应性效应；消费上，人口老龄化会带来消费需求的规模效应、结构效应和挤出效应，从而对产业结构升级产生动态影响。魏嘉辉等（2021）研究发现，老龄化将通过需求效应、生产率效应和倒逼企业转变生产方式影响服务业的就业结构。徐瑾等（2020）指出，人口老龄化对经济增长的影响体现在两方面，一方面直接抑制经济增长，另一方面能够通过产业结构升级间接促进经济增长；由于时空差异，人口老龄化与产业结构优化影响经济增长的程度不同，中西部效应强于东部，金融危机后效应强于危机前效应；从供求关系考虑，人口老龄化通过劳动力禀赋效应、人力资本积累效应、消费需求效应和投资需求效应四条渠道影响产业结构优化。邵咪咪等（2020）研究结果表明，伴随着一国经济发展，人口老龄化对工业经济比重具有显著的负向影响，对服务业经济比重具有显著的正向影响。

人口老龄化通过总需求影响产业结构的机制作用主要体现在两个方面：一是由于老年人消费中的服务业所占比重大于年轻人，人口老龄化加深会降低消费中的工业比重，提高服务业比重，因此相同消费率下人口老龄化程度越高，工业比重越低，服务业比重越高，这称为集约边际效应；二是人口老龄化加深会提高消费率，降低投资率，而由于消费中服务业比重显著高于投资，人口老龄化会因此降低工业比重，提高服务业比重，这称为广延边际效应。因此，要高度重视人口老龄化这一不可逆转的趋势对经济发展和产业结构的影响，降低人口老龄化带来的消费结构变化和投资率下降对工业发展的负面影响。王森等（2020）研究表明：人口老龄化倒逼企业用资本和人工智能替代劳动力、催生智能养老产业；人工智能填补人口老龄化带来的劳动力短缺、减缓由其导致的劳动生产率下降，从而促进产业结构升级。人工智能发展到一定程度时，人口老龄化对产业结构升级的正向作用更加明显。人口老龄化对产业结构升级的影响具有区域异质性，经济竞争力强的地区，人口老龄化对产业结构升级的作用较小，但在人工智能影响下其对产业结构升级的作用扩大。

（三）人口老龄化与消费结构

人口是消费的主体，人口内部特点的变化当然会影响消费结构的变化。马晓君（2004）指出，老年人作为消费主体，进行与其他年龄段消费主体不同的消费活动，随着老年人消费主体占总消费主体的比重不断增加，其对消费结构的影响将不断扩大。晁思达（2012）认为，随着人口的快速老龄化，我国的消费结构将会发生重大变化，我国医疗保健消费、老年人服装和食品消费以及文化教育和娱乐消费将会大大增加。向晶（2013）认为，老龄化程度的加深，社会总抚养系数的提高会增加人们基本生活支出；从边际消费倾向来看，老龄化引起的社会总负担系数的提高很可能对消费结构升级中新增的娱乐文化和教育等支出产生挤压；未来消费结构优化的重点也应当增加收入弹性较大商品的贡献，提高我国居民的消费潜力。暴晓丽（2016）发现，老龄化人口的基本消费支出主要集中在衣食住等基本需求方面，在教育文化娱乐、生活用品及服务、交通和通信、保健等商品方面潜在需求很大，对总支出及商品价格的敏感程度较高，在教育文化娱乐、生活用品及服务、交通和通信、保健等非基本需求的消费品方面，总支出弹性及价格弹性更大。赵周华等（2018）研究发现，老龄化对农村居民食品消费、衣着消费、医疗保健消费产生正向影响的，对居住消费、家庭设备消费、交通通信消费、教育文化和娱乐消费产生负向影响。茅锐等（2014）研究发现，消费者年龄是消费结构的关键决定因素，不同年龄消费者的消费结构存在明显差异：青少年的教育文化娱乐和衣着支出较高，成年人的家庭设备和服务、交通和通信以及居住支出较高，而老年人的食品和医疗保健支出较高。石明明等（2019）研究发现，老龄化将使家庭消费支出显著下降并对大多数消费分项支出产生较大负面影响，同时会大幅提升家庭医疗服务支出；收入是老龄化影响家庭消费的重要中间变量。田志奇（2020）发现，人口老龄化具有显著的消费结构降级效应；人口老龄化对健康型消费结构和享受型消费结构具有显著的升级效应，但对发展型消费结构具有显著的降级效应；与东部地区相比，中西部地区的人口老龄化对发展型消费结构具有显著的降级效应。

老龄化对消费结构的影响存在多条影响路径。黄燕芬等（2019）构建人口年龄结构、住房价格和家庭消费的综合分析框架研究发现，少儿抚养比和老年抚养比均对城镇居民消费水平提高和消费结构改善起到直接的拉动效应，而住房价格上涨通过调节效应对上述直接效应的发挥产生抑制作用。抚养负担能够转化为人口结构红利，抚养比提高潜藏着巨大的消费动力。邢艳春等（2019）研究表明，人口结构对居民消费结构有显著的影响，人口城镇化和受教育程度的提高对发展型消费支出有显著正向影响，老龄化和性别比的增加会减弱享受型消费支出；我国居民消费支出存在很强的消费惯性，消费习惯和居民收入是影响我国居民消费结构的关键因素，随着人口结构的均衡发展变化，我国消费结构将会得到升级和优化。刘利（2020）发现，相比城镇地区，农村地区的老年比重对消费结构的影响更为广泛；老龄化对消费结构影响的城乡差别主要体现在食品、居住和家庭设备支出消费比重上。老龄化促进医疗保健支出主要是由于老年人的健康状况较差导致的，老龄化对消费结构的作用效果在一定程度上受到健康状况的影响，农村地区与城镇地区最大的不同主要体现在老龄化对食品支出比重的影响。颜色等（2021）提出由于，不同年龄群体消费偏好的需求收入弹性和替代弹性存在差异，老龄化通过收入效应和价格效应两个渠道影响消费需求结构。陈丽珍等（2022）分析了人口结构、收入不平等对消费结构的影响机制，认为人口老龄化有利于促进消费结构升级，以及人口老龄化和收入不平等对消费的影响取决于不同类型人群的消费偏好。人口老龄化有利于促进消费结构升级。就生存型消费、享受型消费、发展型消费三种类型消费而言，人口老龄化对消费的影响要大于收入不平等，人口老龄化和收入不平等对生存型消费都具有显著的抑制作用，但是对发展型消费具有显著的促进作用。展凯等（2022）认为，人口老龄化会显著抑制中国居民消费，家庭负债可以在一定程度上缓解老年人口增加对消费的负面影响；人口老龄化会促进家庭医疗保健类消费支出，但会抑制其他种类消费支出；而家庭负债均会缓解其对消费的影响；家庭经济状况和户主受教育水平增加均会促进人口老龄化和负债对消费的影响。

（四）人口老龄化与收入分配结构

不同年龄群体内部的收入程度通常存在差异，因而人口年龄结构变迁会影响整个经济的收入不平等程度。董志强等（2012）运用1996—2009年省级面板数据，以基尼系数衡量收入不平等，从经验上证实老龄化（老年抚养比上升和少儿抚养比下降）对我国收入不平等有显著的正向影响。董志强（2013）认为，我国生育率迅速下降的长期效应必然导致劳动力人口规模下降，老龄化同时加剧经济中的收入不平等以及导致劳动收入份额下降。蓝嘉俊等（2014）研究发现，老龄化会显著地拉大收入不平等，这种影响主要来自顶部老龄化而非底部老龄化的有力推动；对于收入水平较高或者老龄化水平较高的国家，老龄化对收入不平等的促进作用更大，老龄化对收入不平等的影响是随着经济发展阶段性变化而逐渐释放的。王中昭等（2014）提出，由于我国尚未建立起与老龄化社会相匹配的社会保障体系，因此人口老龄化造成的收入分配差异扩大的矛盾尤为突出。李飞越（2015）研究发现，不管是从全国、城镇内部、农村内部还是城乡对比的角度，人口老龄化都对收入不平等具有显著的倒U形影响，人口老龄化在不同的阶段通过改变人口红利影响经济发展从而间接作用于收入分配。龙莹等（2017）利用 Pearson 相关性检验分别分析全国及各地区的居民收入不平等与人口老龄化之间的关系，认为全国居民收入不平等与老龄化之间存在显著的正相关关系，而各地区收入不平等与老龄化之间的关系虽然存在一些差异性，但整体正相关关系也较显著。凌迎兵等（2020）采用分位数回归模型研究我国人口老龄化与城乡收入差距之间的异质性特征，发现人口老龄化与城乡收入差距之间存在正向显著关系，并且在低分位点影响作用更强；随着城乡收入差距不断缩小，地区内部的人口老龄化会抑制这种缩小趋势，城乡收入差距在缩小到一定程度以后，老龄化的抑制作用会更强。姚玉祥等（2024）提出，人口老龄化是我国收入分配失衡的重要驱动因素，老龄化显著扩大了收入不平等，人口老龄化与社会保障支出对收入分配存在交互效应，随着社会保障支出规模提高，老龄化对收入分配的不利影响将逐渐弱化。

收入不平等与经济增长的关系一直是理论界长期关注的问题，人口老龄化对收入不平等的作用机制是一个研究方向。朱琪（2016）按照人口老龄化影响收入分配的效应脉络与逻辑关系，从直接和间接角度就储蓄、资本、财政支出、税制和劳动力市场等方面对人口老龄化影响收入分配的机理和效果进行了归类与梳理。朱振华等（2019）将收入水平及收入不平等效应分解为年龄效应、代际效应和时期效应，以此来研究人口老龄化对居民收入分配的影响，发现人口老龄化加剧了农村地区的收入分配不平等，却对城镇地区收入分配不平等有一定程度的缓解作用；不同年龄群体内的收入不平等程度随着年龄增加而加大。姚玉祥（2021）分析表明，人口老龄化主要通过人力资本效应、劳动力禀赋效应以及居民储蓄效应等途径来影响城乡收入不平等；人口老龄化从整体上恶化了我国城乡收入不平等，人口老龄化通过加剧城乡人力资本差异、强化对低技能劳动力的替代效应以及提高居民预防性储蓄动机等途径扩大城乡收入不平等。汪伟等（2022）构建世代交叠模型研究养老保险制度的收入分配效应发现，当生育外生时，统筹账户养老金计发办法可以激励低收入群体更多地投入子代教育，从而降低代内收入不平等，预期寿命延长会降低代内收入不平等但提高代际收入不平等，生育率下降会降低代内收入不平等且对代际收入不平等的影响不确定；而当生育内生时，由于还存在生育“数量 - 质量”互替机制，代内收入不平等的演化方向变得不再明确，预期寿命延长对代内和代际收入不平等的影响都是模糊的。在人口老龄化冲击下，养老保险制度对总体收入分配的正向调节作用将被弱化。王维国等（2022）发现，老年预期寿命和健康预期寿命占比会通过储蓄率、劳动供给和技术进步影响收入不平等，进而表现为收入不平等随老年预期寿命延长呈先降后增的 U 形关系，以及老年健康预期寿命占比提升能够显著地降低收入不平等。刘李华等（2022）研究表明，人口老龄化会导致收入不平等扩大，剔除人口结构效应，老龄化对收入不平等的影响依然显著；健康水平提高一定程度上加剧了老龄化，但也推动了人力资本投资，有助于居民收入增长，且低收入阶层受益更大，从而缓解了收入不平等。

二、优化经济结构的理论基础

（一）马克思主义关于优化经济结构的理论阐释

1. 社会资本再生产理论

社会资本再生产是整个社会范围内的资本循环和再生产过程。社会资本再生产理论探讨的是社会总产品如何在不同经济部门之间进行交换和分配，使得生产过程得以连续不断地进行下去，并确保所有部门都能够得到维持和发展所需的各种生产要素和生活必需品。马克思在《资本论》中指出，资本主义社会再生产的实现过程包括资本流通与商品流通，这两者之间具有一定的比例关系，一旦比例失衡，将会影响整个社会资本再生产的顺利进行。

社会资本再生产理论主要包括社会资本再生产的基本理论前提；社会资本再生产的图示模型；社会资本再生产的实现条件；社会资本扩大再生的实现方式；社会资本再生产遵循的客观规律等五个方面。社会资本再生产的核心问题就是社会总产品的实现问题。在发达商品经济社会中，商品生产者生产市场需要的商品，从而实现商品的价值；消费者购买所需的商品，实现商品的使用价值。商品生产者与消费者的市场交换过程，是社会资本再生产顺利进行的唯一途径。马克思根据商品的基本用途（使用价值），把社会资本的再生产活动划分为两大部类：制造生产资料的第Ⅰ部类，主要包括采矿、冶金、钢铁等重工业部门和能够为重工业的发展提供原材料的农业生产部门，产品的实物形态是生产资料；制造生活资料的第Ⅱ部类，主要包括食品、服装、家电等轻工业部门等，产品的实物形态是生活资料（亦称消费资料）。两大部类生产的全部物质资料总和，即被称为社会总产品。总产品的价值由不变资本价值（C）、可变资本价值（V）和剩余价值（M）构成。

"社会总产品的实现"，是指社会总产品的各个组成部分，通过市场交换都能得到价值形态补偿和实物形态替换。社会总产品的各个组成部分能实现双重补偿，社会资本再生产就可顺利进行；否则，社会资本再生产就会受到影响或中断。社会资本再生产按其规模又可分为两种不同类型：社会资本简单再生产和社会资本扩大再生产。社会资本简单再生产是资本主义社会再生产的基础、出发点，而社会资本扩大再生产才是社会再生产的现实特征。社会资本简单再生产指的是一种生产规模相对固定不变的，重复进行的生产活动。社会资本扩大再生产则是生产规模不断扩大条件下，重复进行的生产活动。资本积累是扩大再生产的源泉和前提条件，为两大部类实现扩大再生产提供了可供追加的生产资料、劳动力和消费资料。用公式表示就是：$\text{I}(C+V+M) > \text{I}C+\text{II}C$，即$\text{I}(V+M) > \text{II}C$、$\text{II}(C+V+M) > \text{I}(V+M/X)+\text{II}(V+M/X)$；以及$\text{II}(C+M-M/X) > \text{I}(V+M/X)$。

社会资本扩大再生产的顺利实现有三个实现条件。基本实现条件用公式表现为$\text{I}(V+\Delta V+M/X) = \text{II}(C+\Delta C)$，反映了第Ⅰ部类的可变资本加上追加的可变资本，再加上资本家用于消费的剩余价值之和，必须等于第Ⅱ部类原有的不变资本加上追加的不变资本之和。这表明了两大部类在扩大再生产条件下的相互依赖关系。在基本实现条件上又派生出另外两个条件。第一个用公式表现为 $\mathrm{I}(C+V+M) = \mathrm{I}(C+\Delta C)+\mathrm{II}(C+\Delta C)$，即第Ⅰ部类全部产品的价值必须等于两大部类原本所具有的不变资本价值与追加的不变资本价值之和，反映了在扩大再生产条件下，生产资料的生产与两大部类对于生产资料的需求之间的关系。第二个条件用公式表现为 $\mathrm{II}(C+V+M) = \mathrm{I}(V+\Delta V+M/X)+\mathrm{II}(V+\Delta V+M/X)$，即第Ⅱ部类全部产品的价值要与两大部类原本所具有的可变资本价值、追加的可变资本价值及资本家个人消费的剩余价值之和，反映了在扩大再生产条件下，消费资料的生产与两大部类对消费资料需求之间的关系。上述基本实现条件和两个派生条件，反映了扩大再生产条件下，两大部类的生产必须遵循一定的客观比例关系，否则社会资本扩大再生产就不能顺利实现。马克思将扩大再生产的实现方式区分为外延型扩大再生产和内涵型扩大再生产。外延型扩大再生产是在生产技术水平、生产要素质量不变条件下，靠增加要素投入、创建新的工厂或扩大生产场所等方式实现产值增长。内涵型扩大再生产是指通过促进生产技术进步，改善生产要素构成与质量，以及提高劳动生产率等实现产值增长。

马克思的社会资本再生产理论科学分析了社会总产品在商品交换关系中的实现过程，揭示了社会再生产按一定的比例关系发展的客观规律。社会生产的各个部门都按照一定的比例进行生产，才能确保整个社会的供给与需求保持一个相对的平衡状态。我国的经济活动方式并未跳出商品经济阶段，注重经济的协调发展，走内涵型扩大再生产道路，是保证国民经济良性循环与可持续高质量发展的客观需要。马克思的社会资本再生产理论对于促进我国经济结构优化，实现经济高质量发展，具有十分重要的意义。

2. 资本有机构成学说

资本有机构成学说是马克思政治经济学理论体系的一个重要组成，马克思强调：“无论如何你会承认，由于考虑到了资本的有机构成，许多一向似乎存在的矛盾和问题都消失了”。资本有机构成是指“由资本技术构成决定并且反映技术构成变化的资本价值构成”，用公式表示为（C/V）。资本有机构成分为两个方面。从物质形态看，资本是由一定数量的生产资料和劳动力构成的，两者之间保持着一定的比例关系，这种比例关系是由一定时期生产的技术水平决定的。生产的技术水平越高，单位劳动所使用的生产资料就会越多，反之亦然。这种由生产技术水平决定的生产资料与劳动力之间的比例，就是资本的技术构成。从价值方面看，资本由购买生产资料的不变资本与购买劳动力的可变资本共同构成，二者之间的比例就是资本的价值构成。在要素市场供求关系平衡条件下（比如不存在原材料或劳动力价格的波动），资本价值构成水平的高低是由资本技术构成水平高低所决定的，而资本的技术构成又是通过价值构成的形式表现出来的。因此，资本的价值构成与技术构成之间存在着十分紧密的内在联系，二者相同的变化趋势就是资本有机构成的提高。

技术的进步在资本有机构成提高过程中发挥着重要作用。在资本积累的过程中，资本家为获取更多的剩余价值，在激烈的市场竞争中占有一席之地，会通过更新固定资本、革新生产技术等方式提高劳动生产率。随着劳动力使用的生产资料增多，使用生产资料的劳动力相对减少，就形成了资本有机构成的提高。马克思指出，资本有机构成提高是一把双刃剑，一方面对社会经济发展发挥积极影响，资本有机构成提高会促进社会劳动生产率提高，致使产业结构发生变化；另一方面也可能产生消极影响，资本有机构成提高会造成人口的相对过剩，社会失业率上升，甚至会引发经济危机。从资本有机构成对产业结构变动的影响来看，不同产业部门的资本有机构成存在差异，同一部门内部的不变资本与可变资本的比例也会发生变化。而这种有机构成差异会导致不同产业部门利润率的差别。假设强势的主导产业或具有优势的领先产业资本有机构成高，该产业就会通过投资乘数的作用促进大量相关产业的发展。在三次产业中，第三产业不仅吸收劳动力的能力最强，而且包含许多技术含量高的行业，如信息技术、金融业、科学研究、教育等。这些行业尤其是新兴的现代服务业对高素质劳动力需求空间巨大。大力发展第三产业，可以缓解资本有机构成提高带来的就业问题，同时推动产业结构优化，提高产业整体的竞争力。

马克思的资本有机构成学说，对阐释我国产业结构的转型升级同样具有重要的理论价值。随着科技的持续进步和资本的不断积累，社会资本有机构成不断提高。从马克思主义辩证的、唯物的、历史的、发展的观点看待资本有机构成不断提高的现象，资本有机构成不断提高以科学技术的进步、创新为前提，促进了产业结构升级和经济结构调整。既要正面看待资本有机构成提高过程中，产业结构转型升级带来的经济发展，也要充分考虑如何缓解或解决资本有机构成提高可能导致的劳动者就业机会减少、工人下岗失业问题，这考验了各级政府社会治理的水平和能力。只要坚持改革，尤其是坚持推进政治体制改革，充分发挥中国特色社会主义制度优势，推进国家治理体系和治理能力的现代化，社会的劳动就业问题一定会解决好。社会资本有机构成不断提高，是对劳动的解放，有利于人的全面发展，有利于产业结构转型升级。我国推进经济高质量发展，产业资本的配置方式必然会由原来的劳动密集型，逐步向更高层次的资本密集型和技术密集型转变，这既是资本构成向高度化演变的必然趋势，也是产业结构转型升级的一个固有特征。

（二）西方经济学有关优化经济结构的理论

1. 大推进理论

1943年，经济学家罗森斯坦·罗丹在《东欧和东南欧国家工业化的若干问题》提出了著名的大推进理论。罗丹提出，发展中国家的实际发展并不是新古典经济学所描述的渐进的、乐观的过程，而是一个非渐进和非连续的过程。这个过程要求在某一相对短的时期内，大范围同时扩张所有部门才能取得发展成功。把不发达的经济体比作跑道上的飞机，飞机在起飞前必须获得一定的速度才能起飞。只有在大规模投资计划的刺激下，亚当·斯密的自由市场原则才能在经济发展中发挥作用。大推进理论建立在生产函数、需求和储蓄供给的三个“不可分性”假设的基础之上，主要包括四个方面的内容。

（1）经济发展目标是通过对互为供给、互为需求的不同经济部门同时进行大规模投资，降低生产成本、增加利润，从而取得外部经济效应。

（2）实施大推进所需的资本来源于国内国际双向投资，在尽可能利用本国资本进行投资的同时，还应该依赖大量的国际投资和资本引进。

（3）重点投资几个相互补充的产业部门，主要是社会基础设施和轻工业部门。

（4）由于投资数额巨大，基础设施投资周期长，大推动过程必须通过政府计划而非市场调节来组织实施。

多数发展中国家在工业化进程中，都将此作为基础性理论指导经济发展。但大推进理论也存在不足之处。首先是该理论的基础前提是“三个不可分性”，在现实中，却出现了某种程度的可分趋势；其次是实践中很难在短时间内筹集大量资金用于推动发展；最后是过于强调政府所发挥的计划作用，而市场自组织作用被忽视。

2. 二元结构经济发展理论

研究发展中国家经济问题的重要先驱人物、诺贝尔经济学奖获得者、美国经济学家刘易斯开创和发展的二元经济模型和结构主义分析方法，是理解落后国家经济起飞和经济发展的主要范式。二元经济结构理论探讨的核心问题是从传统的农业经济向现代工业经济转型的过程中，如何促进结构变迁来实现经济增长和发展。假设有两个部门：传统农业部门和现代工业部门。在传统农业部门中，没有新技术，生产力很低，有巨大的劳动力剩余，其劳动的边际产量接近于零，农业劳动力有可能从农业部门退出而不会损失任何农业产出；现代工业部门拥有现代化的生产技术，劳动生产率高，工资水平较高，是促进经济发展的主要部门，如果增加工业部门资本投入，会提高劳动生产率。假设从传统农业部门剩余劳动力向现代工业部门转移，传统农业部门的劳动力可以没有成本地转移出去，现代工业部门的劳动力市场是竞争性的，工人会压低自己的工资水平以得到一份工作；现代部门产生的利润仅在该部门内部再投资。由于发展中国家具有丰富的农业劳动力，当农业劳动力达到一定值时，继续增加劳动力投入，农业产量将保持不变，因此农业部门剩余劳动力为追求更高的工资水平，会转移到现代部门。此时工业部门的工资并不会上涨，持续低工资水平会产生大量的利润，使得资本快速积累，这将促使工业部门生产扩大，进一步吸纳剩余的农业劳动力。另一方面，农业部门由于过剩劳动力的逐渐消失，农业产量开始下降，农业的边际产量将增加，劳动者工资水平及劳动生产率都将逐渐提高，并且这一过程会持续到农村剩余劳动力被吸收殆尽，工业农业两部门的工资水平相等。

二元结构经济结构理论提出了以下思想，只要农业部门的劳动边际产量等于或接近零，就可以用很低的工资水平吸引工人转移到现代部门，使得现代部门的资本能够迅速积累。随着农业部门收缩和工业部门扩张，产业结构也相应发生变化。作为这种结构调整的结果，劳动力转移到更有生产力的现代部门，经济实现了增长。二元经济结构理论对指导发展中国家经济发展起到了非常重要的作用。首先，把发展中国家的经济体划分为两部分，即现代经济部门和传统经济部门，揭示了两经济部门在效率方面的差异，将经济增长和农业部门向工业部门的结构转换过程结合在一起分析，提出了新的研究方法——结构分析方法，为后来各种二元经济结构理奠定基础，也对发展中国家制定各自的经济发展战略提供重要借鉴；其次，把经济增长过程中出现的两种现象——工业化与城市化联系在一起，提出劳动力职业变换与人口地域转换是同时发生的，由此避免了城市化滞后和过度城市化问题，有机结合了工业化与资本积累，揭示了资本积累的重要性。

3. 地理二元结构理论

1957年，瑞典经济学家缪尔达尔在《经济理论和不发达地区》中提出了“地理上的二元经济”理论，指出发展中国家存在经济发达地区和不发达地区。理论强调经济发展累积过程中“扩散效应”和“回波效应”的作用，阐释发达地区优先发展对欠发达地区经济发展的利弊。与刘易斯的“二元经济”的区别在干，刘易斯根据发展中国家工业化中产业结构的变化特征，将经济体划分为两个部门——现代工业部门和传统农业部门，属于典型的产业结构理论；缪尔达尔则是根据经济发展的差别将区域划分为两个部分，即发达地区与欠发达地区，属于空间结构理论。地理二元结构理论是在反对新古典经济发展理论中生产要素自由流动、工资和利润自动趋于相等、市场自动调节等假设的基础上提出来的，认为在不发达地区内，由于市场缺失和结构刚性，很难通过自我调节实现各地区均衡发展。劳动力、资金、技术和贸易等由于经济、政治、社会、心理及制度等因素由落后地区流向发达地区被定义为“回波效应”。回波效应下，发达地区得到更快的发展，不发达地区更加贫困，累积循环，使得地区间人均收入和经济发展水平的差距越来越大，形成地区性的二元经济结构。发达地区发展到一定程度后，会出现各种社会环境问题，如交通拥挤、环境污染、资本过剩、资源短缺、基础设施难以承受等，使其生产成本增加，外部经济效益逐渐变小，从而减弱经济增长势头，劳动力、资金、技术和贸易等由发达地区流向落后地区被称为“扩散效应”。扩散效应下，发达地区再扩大生产规模，就会带来一系列负面影响。因此，发达地区选择将资本、技术、劳动力等生产要素向欠发达地区扩散，带动欠发达地区经济增长，发达地区增长减缓，两者间的经济差异缩小，一直达到最终平衡。

地理二元结构理论主张应用区域不平衡的结构主义思路探究欠发达地区的经济发展问题，相关理论和检验结果基本符合发展中国家的实际情况，为一些国家制定区域发展规划提供有效的参考。

4.“发展型式”理论

1975年，美国经济学家钱纳里在《发展型式，1950—1970》一书中，提出了“发展型式”理论，指出了结构转变对发展的重要性，强调对结构变动的各种制约因素的分析。相关研究探讨了经济结构转变的全过程，包括生产和劳动力结构、国际贸易结构、国内需求结构、收入分配结构等，还对居民收入水平、各国资源禀赋、人口规模、政府政策和经济发展目标，以及国际资本、国际先进技术和国际贸易大环境等制约结构变动的因素展开分析。“发展型式”理论强调，一方面，对于不同的收入水平，经济结构状况的不同；另一方面，经济结构的转变，尤其是非均衡条件下的结构转变，能够加速经济增长。同时经济结构转变对经济增长影响的重要性是随经济发展水平而变动；不同经济发展阶段，不同部分、不同生产要素对经济增长的贡献不同；在经济增长过程中，由于结构关系不同，发展中国家与发达国家有着本质性的区别。对发展中国家而言，结构转变对经济增长更为重要，主要由于发展中国家要素市场不均衡性远大于发达国家，导致资源的转移和资源的再配置产生的作用更为明显。钱纳里等人提出的“发展型式”理论成为后来研究结构转变与经济增长的典范，也为发展中国家研究经济发展问题提供了有益的借鉴。

三、人口老龄化与产业结构调整

人口老龄化对经济社会的发展产生的影响深远而复杂。人口老龄化不仅会对一个国家或地区的劳动力供给、劳动力年龄结构和劳动生产率产生直接影响，还会对一个国家的消费需求、人力资本以及技术创新等变量产生间接影响，而对这些变量的影响又会进一步影响国民经济产业结构。因此，人口老龄化是影响产业结构调整的重要因素，对产业结构升级产生重大影响。人口因素是经济社会发展的最核心因素，人口既是经济活动的生产者，同时也是社会产品的消费者，无论是作为消费者还是作为生产者都是影响社会经济的根本力量。从生产者的角度来看，人口老龄化意味着老年人口比例增加，青少年人口比例下降，适龄劳动力减少，劳动力年龄结构变化。这一方面要求延长退休年龄，扩大适龄劳动者年龄范围，减缓适龄劳动人口下降，同时加强适龄劳动者受教育程度，提高劳动力素质；另一方面，要求经济结构完成由劳动密集型为主向资本密集型和技术密集型为主转变。从消费者的角度来看，不同年龄结构的消费者群体，消费需求、消费数量以及消费方式都存在很大的差别，不同产业的生产者将要根据老龄化社会中人口年龄结构的消费特征，调节商品和服务的供给结构。具体来看，人口老龄化对经济产业结构中的第一、第二、第三产业都会产生影响，既有积极的影响，也有消极的影响。

（一）人口老龄化对第一产业的影响

人口老龄化对第一产业发展存在一定的积极效应。第一产业主要涵盖农业、林业、畜牧业、渔业及其相关的专业服务活动，是国民经济的基础，为全社会提供了丰富的食物和农产品资源。随着经济社会的快速发展和整体劳动生产率的提升，遵循产业结构演进的基本规律，劳动力资源逐渐从第一产业流向第二产业和第三产业。在这个动态的劳动力转移过程中，人口老龄化现象实际上可能起到某种助推作用，加速第一产业内部劳动生产率的提升。这是因为，当一个国家或地区的老龄化程度加深时，适龄劳动力供给相对减少，城市对劳动力的需求缺口不断加大，这将进一步激发农村剩余劳动力向城市的流动。鉴于第二产业和第三产业的劳动生产率普遍高于第一产业，这种劳动力流动趋势会间接激励第一产业的从业者通过掌握现代农业技术知识、加快农业机械化步伐，从而有效提升第一产业自身的劳动生产效率。在中国，长期实施的以家庭承包为主的农业经营模式虽然保障了农民的基本权益，但也在一定程度上限制了农业产业化、规模化经营的发展潜力。而随着人口老龄化的深入，农村劳动力的结构性转移恰好为农业规模化经营创造了契机，有助于打破传统的、效率相对较低的家庭分散式农业生产模式，有力地推动了第一产业的结构优化升级。

同时，人口老龄化对第一产业也存在一些消极影响。不可否认的是，老龄化程度的加重必然会导致适龄劳动力数量的缩减。在当前农村剩余劳动力尚充足的前提下，农业劳动力向第二、第三产业的转移并未对第一产业产生显著负面影响。但随着老龄化进程的持续，农村剩余的可转移劳动力终将耗尽，届时留守在农业领域的劳动力主体将会以中老年群体为主。相较于年轻劳动力，这一年龄段的劳动者无论是在体力强度，还是在新技术、新知识的学习适应能力上，都存在一定差距。考虑到我国目前农业机械化水平仍处于相对较低阶段，劳动力短缺问题以及由此带来的劳动生产率下滑，将在一定程度上拖慢农业现代化的进程，从而对第一产业的转型升级构成挑战。进一步展开，老龄劳动力在农业领域的占比增加，可能会降低农业生产的灵活性和创新性，因为他们在应对突发情况、采用新型农业技术和管理模式等方面的能力相对较弱。同时，这也可能导致农业产业链条中的某些环节，如精细化管理和高效种植、养殖等先进技术的应用受到制约，进而影响农业的整体竞争力和可持续发展能力。另外，随着农村年轻劳动力大量外流，农业接续力量不足的问题也将逐步显现，使得农村地区乃至整个第一产业在面临重大变革和发展机遇时，缺乏足够的活力和创新能力去抓住并利用这些机遇。

综上所述，人口老龄化对第一产业产生的影响是双面的，既有推动产业升级、促进技术进步的积极作用，也有因劳动力结构变化、劳动生产率下降等问题带来的诸多挑战。应充分认识并妥善应对这一现象，通过加大对农业机械化的投入、优化农业人才培养机制、构建更加完善的农业社会化服务体系等方式，努力克服人口老龄化给第一产业发展带来的消极影响，实现第一产业在新时代背景下的高质量发展。

（二）老龄化人口对第二产业的影响

第二产业作为一个广泛的领域，涵盖了诸如煤炭开采与洗选业、黑色金属和有色金属矿产开采业等多种采矿业，同时也涉及了农副食品加工业、食品制造业、烟草制造业等二十多个制造业细分门类，此外还包括建筑业以及电力、热力、燃气及水的生产和供应业等基础性产业。基于生产要素的不同特征，第二产业大致可以划分为劳动密集型产业、资本密集型产业和技术密集型产业。针对这三种不同类型产业，人口老龄化带来的影响呈现出显著的差异性。

对于劳动密集型第二产业而言，如农副食品加工、食品制造等行业，其运营高度依赖于充足的劳动力资源。随着人口老龄化的加剧，适龄劳动力人口规模减小，依据劳动力市场的供求原理，劳动力成本将不可避免地上升，这对劳动密集型产业构成了直接的压力，压缩了此类产业的发展空间。尤其那些效率低下或管理不佳的企业，很可能陷入被迫转型甚至破产的风险之中。

资本密集型第二产业，例如烟草制品业、造纸和纸制品业、通用设备制造业等，其发展在很大程度上倚仗大规模的资金投入和先进的技术支持。人口老龄化对此类产业的影响具有两面性。从正面来看，国际经验显示，美国、德国和日本等发达国家在经历人口老龄化之前，往往已实现了较高的经济发展水平，社会财富积累丰富，居民生活水平较高，国家拥有充足的资本用于投资资本密集型产业，从而推动了这类产业的蓬勃发展。尽管中国步入老龄化社会时人均 GDP 水平尚未达到发达国家的富裕标准，但如今中国经济总量已跃居世界前列，积累了相当雄厚的国家资本。结合科技实力的不断提升，即便面对人口老龄化挑战，资本密集型产业依然有望迎来空前的发展机遇。当然，人口老龄化对资本密集型产业的消极影响也不容忽视。老年人口更多地退出生产领域，转而成为消费者，这不仅加大了年轻人的养老压力，而且政府在养老保险支出方面的责任也随之增大，从而挤压了可用于技术研发、产业补贴等支持资本密集型产业发展的公共资源。

技术密集型第二产业，如医药制造业、汽车制造业、仪器仪表制造业等，其生产过程既要求大量资金投入，又亟须具备高学历、高技能的专业人才，从业人员整体素质远超劳动密集型和资本密集型产业。从个体角度看，技术创新能力与年龄的关系呈现驼峰状分布，即创新能力在35~40岁之间达到峰值，青年时期年龄增长有利于技术创新，而在老年阶段则表现出负面效应。从宏观角度审视，此规律同样适用。随着人口老龄化的加深，劳动力队伍的平均年龄上升，处于创新能力峰值年龄段的劳动力比例下降，这无疑对技术密集型产业的发展构成了潜在威胁。

伴随老龄化趋势，家庭平均抚养子女数量的减少促使社会教育资源分配策略由追求量的增长转向质的提升，人力资本积累的质量得到大幅提升，这对于推动第二产业由劳动密集型和资本密集型向技术密集型升级转型具有长远的积极意义。换句话说，尽管老龄化可能短期内对技术创新形成一定的制约，但从长远看，人口结构变迁所引发的社会资源配置调整，特别是对高素质人力资源培育的重视，将有力地促进技术密集型产业的崛起和壮大。人口老龄化对第二产业各类别细分领域的影响需分类探讨，并据此制定出针对性的战略对策，确保产业健康稳定发展，助力经济社会持续进步。

（三）老龄化社会对第三产业的影响

第三产业，也就是服务业，是一个囊括了除第一、第二产业之外所有行业的庞大领域，其中包括生产性服务业和生活性服务业两大类别。汪伟等（2015）指出，生产性服务业主要涉及房地产、金融、交通运输、仓储及邮政通信等行业，而生活性服务业则涵盖了批发零售、住宿餐饮、文化娱乐、旅游休闲以及健康服务等多个领域。

从生活性服务业的角度来看，人口老龄化带来了多方面的积极推动作用。批发零售业和住宿餐饮业作为满足居民日常基本生活需求的服务业分支，其市场需求与总人口数量紧密关联，因此老龄化对这两个行业的影响相对较小。但对于文化娱乐业和旅游业来说，老龄化社会却催生了新的发展机遇。一方面，老年人不再承担繁重的生产劳动任务，有了更多可自由支配的时间，他们在步入老年阶段后，常常面临孤独、身体健康状况下降等问题，从而产生了积极参与集体活动、寻求社交互动的需求，比如老年旅游、文艺表演、书画比赛等活动近年来愈发活跃，广场舞更是成为了老年群体的重要社交载体。随着老龄化程度加深，老年人对文化娱乐和旅游休闲的需求将大幅攀升。另一方面，随着中国经济的稳健发展和社会保障体系的日趋完善，老年人的消费能力在不断提升，这为文化娱乐、旅游休闲等相关服务业提供了广阔的发展空间。在健康服务业方面，老龄化的影响尤为显著。随着年龄增长，老年人身体机能自然衰退，患病风险增加，诸如高血压、高血脂、糖尿病、冠心病等慢性疾病在老年人群中普遍存在，使得他们在医疗保健方面的消费支出大幅度提高，从而有力推动了健康服务业的发展。同时，许多老年人可能面临失能或半失能状态，日常生活需要依赖专业的护理和居家养老服务，这也为老年护理和家居服务等相关行业带来了更大的市场需求。

从生产性服务业的角度出发，人口老龄化对其产生的影响虽不像对生活性服务业那般显著，但仍不容忽视。房地产市场的主要消费力量是具有稳定收入和较强购买力的中青年人群，随着老龄化进程的加快，这部分人群的比例逐渐收缩，或将导致房地产市场需求减弱，从而对该市场造成一定的负面影响。金融业作为知识密集型服务业，其从业人员通常具备较高的教育水平，且以中青年为主，老龄化社会的到来可能会在一定程度上削弱金融业的创新能力和持续发展潜力。再者，交通运输、仓储及邮政通信业的发展与政府在基础设施建设上的投资力度紧密相连，随着老龄化社会所带来的社会保障支出压力增大，政府在基础设施等方面的财政支出可能会被挤压，这将对上述行业的发展产生一定的阻力。

人口老龄化对第三产业中的生产性服务业确有诸多不利影响，但在生活性服务业方面，尤其是在文化娱乐、旅游休闲以及健康服务等领域，则起到了显著的推动作用。面对老龄化社会的新常态，应该把握住这一发展趋势，适时调整和优化服务业结构，以更好地满足不同年龄段尤其是老年人群的需求，实现服务业的持续健康发展。

四、人口老龄化与消费结构调整

按照经典经济学理论，收入状况和心理因素在塑造人群消费模式中扮演核心角色。老龄化背景下，老年群体因其独特的收入来源和心理特征，其消费偏好和行为方式不可避免地带来消费结构的演变。同时，老龄化还会通过收入分配格局的调整、劳动力生产力水平变动等多重机制作用于消费结构。我国人口老龄化不断深化，老龄人口规模迅速扩大，人口年龄结构变革与消费结构转型不断推动消费升级的进程。收入状况及其心理预期是决定消费结构和推动消费升级的基本驱动力；完善的社会保险体系对消费升级起到决定性的支撑作用；现代社会网络的发达以及信息技术的普及应用，为老年人拓展新型消费领域、构建更加积极的消费结构提供了便利的信息获取途径和工具支持。

（一）老龄化对消费结构的直接影响

1. 收入因素的影响

当个体步入老年阶段，其收入可能呈现下滑趋势或失去新增收入来源，而收入水平无疑是影响消费的核心要素之一。参照绝对收入理论，老年期收入的减少将普遍导致各类消费支出的收缩。然而，依据持久收入和生命周期理论，理性的消费者会基于其长期稳定的收入规划一生的消费计划，以实现最大化的满足感。步入老年，面对较中年时期更低的收入和日渐衰退的身体机能，老年人倾向于对各项消费做出更为明智的分配，从而调整消费结构。这表现为日常生活必需品如食品和衣物等方面的支出减少，而医疗保健方面的投入相应增多。另外，城乡间收入差距使得居民消费结构出现差异，高收入的城市居民因购房压力增大，居住类消费有所增加；而低收入农村居民在住房消费节省下资金，可更多投入教育、文化娱乐、交通通信等领域，促使这些类别在消费结构中的比重上升。

2. 心理因素的作用

随着步入老年阶段，个体在生理和心理上均经历重大变化，这些变化直接影响其消费需求。首先，补偿心理效应显现，很多老年人因早年生活质量不高、闲暇时间有限，现在条件改善后，会有意去弥补曾经未能实现的消费活动，如旅游、兴趣爱好培养等，尤其是当子女独立工作后，他们更关注自我价值实现和个人兴趣满足，形成了强大的老年消费群体。因此，消费观念更新加之财务支持增强，他们在文化娱乐教育上的支出随之增多，消费习惯和结构发生转变。其次，随着年龄增长，老年人对物质需求如饮食烟酒的欲望减弱，而对健康的关注度大幅提升，因身体机能退化和患病风险增高，医疗保健方面的开支明显增加。此外，老年人对服装消费的态度趋于实用和舒适，而非追求时尚新颖，故此部分支出相应减少。最后，退休后的充裕时间和中年积累的收入及养老金，促使老年人在文化和娱乐活动中投入更多，如艺术学习、旅行摄影等，这也增加了他们在交通通信等领域的消费支出。

3. 收入分配效应

劳动力是驱动经济社会发展的重要元素，既是生产的重要组成部分，也是生产活动的主体。然而，随着老龄化程度加深，退休人口逐年增多，非劳动人口比例提升，劳动人口在总人口中的比重逐步下降，引发了社会人力资本结构的变化，并进一步波及社会资源分配格局。其中，收入在具有较强劳动能力的青壮年人群和劳动力较弱的老年群体间的分配尤为关键。这一分配结果决定了不同年龄段居民的消费主导权，而商品和服务市场定位各异，其消费支出和消费结构也将呈现差异性。因此，收入分配关系直接影响个体收入水平，从而间接影响消费结构。公正合理的收入分配有助于优化消费结构，反之则可能导致消费结构升级受阻，降低消费结构的层次化水平。

4. 劳动生产率影响

充足的劳动力供应是保持经济增长的前提，老龄化带来的直接影响就是劳动力人口总量的缩减。随着大量劳动力退出生产一线，人口红利效应难以持续，严重老龄化情况下甚至可能引起经济发展停滞。与此同时，一些隐性问题也值得关注：尽管我国劳动力总数依然庞大，但伴随老龄化程度提高，退休人数大增，年轻劳动力占比下降，中年劳动力比例却在上升，劳动人口年龄结构发生了深刻变化。在看似劳动力总量尚足的表象之下，全社会劳动生产率正在悄然发生变化。一方面，依赖体力劳动的产业领域生产率下滑；另一方面，得益于劳动力素质和技术水平的提升，以脑力劳动为主的产业领域生产率在不断提升。劳动生产率的变迁将给我国产品市场带来巨大震动，引发产品结构的调整，进而对我国消费结构产生深远影响。

（二）老龄化对消费结构升级的影响

1. 资源要素驱动

资源要素在老年人消费行为中的作用体现在老年人在满足基本生活需求之外，有能力支付服务、文化娱乐等相关产品和服务的开销，这部分支出通常源于个人收入、储蓄及社会保险等经济资源。按照莫迪利安尼提出的“生命周期理论”，消费者被视为理性决策者，会在其一生中均衡配置收入以实现消费平滑，从而在各个生活阶段获得最大化的满足感。这意味着，随着年龄的增长，当居民进入老年阶段，由于身体机能的衰退往往伴随着收入减少，他们会在中年积累的财富基础上调整消费策略，以确保在老年时期的消费水平保持相对稳定，甚至可能通过优化消费结构实现某种程度的消费升级。杜森贝利的相对收入假说强调，消费者的购买力不仅仅取决于当前的收入水平，还与其过去收入峰值和消费水平相关，体现出“棘轮效应”。老年人在这一效应影响下，即使面临收入下降，也可能继续保持对改善型和发展型商品的较高消费支出，推动消费升级。同时，“示范效应”意味着周边人的消费水平也会对个体消费选择产生影响，使得老年人在具备更多可支配财富时敢于增加消费，尤其在经济繁荣、社会总收入提高的背景下，攀比心理促使其消费增长。

养老保险作为一种重要的社会保障机制，在调节居民收入分配和福利水平的同时，对居民的消费行为产生显著影响。随着人口老龄化趋势的加强，养老保险制度的实施及其深度改革将深刻改变居民的消费模式。老年人在追求医疗保障的同时，加大对社保的投入，这不仅会直接改变我国的消费结构，促进消费升级，而且购买社保还能有效应对未来的医疗支出，减轻当前的消费压力，激发居民对其他高端消费品的消费需求，从而对消费升级产生双轮驱动效果。随着社会经济进步和生活水平提高，老年人开始追求更高层次的需求满足，遵循马斯洛需求层次理论，当基本生活需求得到满足后，他们对医疗、养老、文化娱乐等更高品质消费的需求愈发凸显，这导致老年人实际消费行为发生转变，消费结构也随之调整。特别是在医疗保险方面，老年人参保力度的加大，提高了医疗保障水平，同时也提高了医保在城乡居民总消费支出中的比例，从而加快了消费升级的步伐。

城乡居民收入差异导致消费水平和购买力的不一致，多层次的社会保险体系为不同收入层次的居民提供了丰富的选择空间。在经济转型升级过程中，多层次的社会保险制度得以发展和完善，较低比例的社保支出往往预示着未来更坚实的健康保障和消费体验，有助于提升居民消费水平和推动消费升级。在经济波动或下行期间，多元化的保险产品能满足不同消费层次老年人的健康保障需求，减轻其对高昂医疗费用的担忧，实现了身心双重保障，进而满足老年人对高品质生活的追求，从而在一定程度上促进了居民整体消费升级的进程。

老年人口的收入水平和参与社会保险的程度与他们所能承受的发展型和享受型消费直接关联。收入越高、社保越完备的老年人，越有可能在满足基本需求之余，追求更高品质的生活消费，这将进一步重塑我国的消费结构，有力地推动消费升级。

2. 需求要素驱动

需求要素在老年人消费行为转变中的影响力不容忽视，主要源自老年人口特有的人口学特征和健康状况变化，诸如身体机能的衰退以及消费心理由节约转向享受的过渡。依据心理账户理论，消费者如何划分和管理财富，将在很大程度上影响其消费行为的结果。在老年人面临身体机能减退但享有养老金等保障的现实情况下，他们对财富分配的心理账户显然会发生相应调整，进而增强对服务、医疗保健、高品质商品等的需求。鉴于此，老年人更有意愿和可能性在这些领域增加消费，这在客观上推动了消费结构的升级。

老年人的生活消费主要依靠在职期间的积蓄、社会养老保险以及子女赡养。在消费决策时，他们倾向于以舒适、健康和提升生活质量为核心导向，因此，社会应针对老年人的特殊需求，提供多样化的商品和服务。首先，随着年龄的增长，老年人对健康、简约和实用性的消费需求日益凸显，他们更多地倾向于在改善型和发展型消费上投入，如更优质的医疗服务、适宜的居住环境和养生保健产品，以此提升生活质量。随着社交活动的减少和身体机能的衰退，他们在服饰消费上更注重材质的保暖透气性，食品消费则更关注食品安全和营养价值。同时，随着老年人口基数的增长，用于医疗保健、养老服务等改善型和发展型消费的开支必将大幅度增加。

传统文化观念也深深影响着老年人的消费支出，其中包括对子女的扶持和对孙辈的隔代关爱。在中国深厚的传统孝道文化影响下，子女们为了保障父母晚年生活品质，愿意投入更多资源，例如购买高级保健品、优质生活用品，陪同父母外出旅游等。一项来自复旦大学的研究显示，老年人在孙辈身上的花费仅次于自身的日常开销。随着生育政策放宽，许多年轻夫妇在照顾年迈父母的同时还要抚育多个孩子，而繁重的工作压力和快节奏生活让他们无法全身心投入子女的照料。在这种情况下，祖父母常常主动承担起照看孙辈的责任，出于对第三代的疼爱和补偿心理，他们愿意花费更多的时间、精力和财力在孙辈身上，选购商品时不再过分考虑价格，而是倾向于新颖、品质优良的高档商品，这样的消费模式反映出年轻一代的消费特点，从而进一步提高了改善型和发展型消费的比重。

老年人口的增长无疑对提升改善型和发展型消费产生了积极的拉动作用，从而促进了消费结构的升级。然而，老年人口比例的攀升也给经济和社会带来了诸多挑战，例如加重了家庭和社会的养老负担，对医疗服务体系和养老制度提出了严峻考验。因此，我们必须全面、辩证地看待人口老龄化问题，积极应对老龄化带来的种种挑战。在此基础上，应充分理解和把握老年人的独特消费需求，大力推动相关产业的发展，以适应和引领消费升级的新趋势。

3. 信息渠道要素的催化作用

信息渠道要素在老年人消费升级过程中扮演着催化剂的角色，老年人群体需要借助相关产品和服务信息，将其潜在的消费愿望转化为实际行动。而这一转化过程的顺利进行，离不开老年人依托的社会网络和信息媒介平台。强化家庭内部互联网设施的支持力度，鼓励老年人熟练使用智能手机等智能设备，有助于他们构建更为广阔和深入的信息网络，获取更多元、更新颖的商品和服务信息，进而促进消费类型的多样性，直接推动其消费结构向改善型和发展型消费转变。

中国社科院与腾讯社科院联合发布的一项研究报告指出，当下，中老年人在网络空间的主要活动仍聚焦在通信联系和信息检索方面，尽管他们在操作互联网技术上不如年轻人灵活，但已有超过八成的老年人掌握了微信等基础应用的操作方法。以往，互联网常被视为年轻人专享的信息工具，但随着时代的发展，这一媒介形式已悄然渗透到中老年人的日常生活中，半数以上的老年人已养成手机支付的习惯，约三分之一的老年人已具备基本的上网能力，网络逐渐成为推动老年人消费提升和结构调整的重要通路。

值得注意的是，老年人在网购消费、信息获取等方面展现出鲜明的行为特点，他们的在线消费额呈快速上升趋势，体现出对身心健康、社交互动和本土品牌的强烈需求。我国正面临着快速的人口老龄化趋势，老年人口基数庞大且收入水平不断提升，催生出一个极具潜力的“银发消费”市场。在这个市场中，消费者的喜好正逐步向改善型和发展型消费靠拢，消费场景日益趋向线上线下融合，消费方式和消费内容亦逐渐智能化。

老龄化社会的到来，不仅揭示出新的经济增长点，更蕴藏着巨大的长寿经济红利。随着“互联网 +”模式的广泛应用与普及，预计将对撬动高达百万亿级别的老年消费升级潜力发挥前所未有的推动作用，为我国“银发经济”的发展注入强大动能。

五、人口老龄化与城乡收入分配结构

（一）老龄化对城乡劳动者工资性收入差距的影响

老龄化对城乡劳动者工资性收入差距的影响是一种深层次、多元互动的过程，涉及人力资本积累的城乡差异、就业结构的城乡差异以及劳动力供求关系的变化等多重因素。在这一过程中，每一个环节都交织着经济社会发展的脉络，共同塑造并放大了城乡收入差距的现象。

首要的是城乡人力资本积累的差异，这是决定城乡劳动者工资性收入差距的关键因素之一。人力资本作为一种无形资产，包含了劳动者自身的知识、技能、经验以及健康状况等多种要素，这些要素直接影响着劳动者的生产力和收入层次。人力资本可大致划分为体力维度和脑力维度：体力维度主要反映劳动者的身体健康状况和体能素质，其积累主要依靠日常生活保健、体育锻炼等途径；脑力维度则涵盖了文化技术水平、专业知识储备以及实践经验等，主要通过正规教育、职业培训以及在实际工作中学习获取。随着劳动者年龄的增长，体力维度的人力资本呈现出自然递减的趋势，而脑力维度却可以通过持续的学习和实践积累而得到增强。城乡劳动者在人力资本上的差异，很大程度上源于各自的产业结构特征和就业环境的差异。在以体力劳动为主导的行业和工种中，农村劳动者占据了较大的比例，他们在面对年龄增长带来的体力衰减时，工资收入往往受到较大的冲击。相比之下，城市中的脑力劳动者，尤其是在科技含量较高、依赖高级知识技能的行业里，其工资收入不仅不会因年龄增长而下滑，反而可能因为专业技能和工作经验的日益丰富而逐步提升。这样，随着劳动者年龄的增长，城乡间在人力资本积累上的差距逐渐加大，进一步拉大了城乡工资性收入的鸿沟。

其次，城乡劳动力就业结构的差异对城乡收入差距产生了显著影响。历史上形成的城乡二元就业体系在一定程度上限制了农村劳动力向非农产业和城市的自由流动，导致城乡劳动者在就业机会、职业选择和收入待遇等方面存在显著差异。尽管历经改革开放以来四十多年的发展，城乡劳动力市场的一体化进程取得了一定成效，但不可否认，在部分地区和行业领域，城乡劳动力在就业扶持政策、技能培训、劳动保障以及社会福利等方面的不均衡问题依然存在。具体表现为，农村劳动力更多地集中于个体经济和私营经济部门就业，而在体制内单位特别是竞争力相对较弱的行业就业的比例相对较小。此外，农村劳动力更倾向于在劳动密集型行业就业，而在技术和资本密集型行业中，他们往往从事的是较低端的劳动密集型工作。这种就业结构意味着农村劳动力所处的岗位对于文化技术水平的要求相对较低，更加倚重年龄和体力，因此，随着年龄的增长，这部分劳动者的工资收入很难实现有效提升，甚至可能面临失业或转行的压力，从而加剧了城乡中老年劳动力工资性收入差距的扩大。

另外，城乡劳动力供求关系的变化也是影响工资性收入差距不容忽视的因素。当前，我国人口年龄结构的一大特点是劳动力人口占总人口比重的下降。

尽管现阶段我国劳动力资源总量依然庞大，然而，随着生育高峰期人群逐渐进入退休年龄阶段，劳动力人口占比将持续降低。在此背景下，技术进步特别是资本偏向型技术进步将在一定程度上重塑城乡劳动力市场的供求格局。由于农村劳动力在教育背景和技术能力方面整体上落后于城市劳动力，当企业在技术升级的过程中对高技能劳动者的需求增大、对低技能劳动者的需求减少时，农村劳动力的市场需求将不可避免地受到影响，这无疑会对农村劳动力的工资收入造成负面效应，进一步加剧城乡劳动者之间的工资性收入差距。

老龄化通过城乡人力资本积累差异、就业结构差异以及劳动力供求关系变化等多元途径，深刻影响了城乡劳动者工资性收入差距。要解决这一问题，就需要持续推进城乡一体化进程，优化劳动力资源配置，加大对农村人力资本的投资力度，改善农村劳动力的就业环境，努力促进城乡劳动者收入分配的公平合理，确保各年龄段、各类型的劳动者都能够共享经济社会发展的成果，构建更加和谐稳定的城乡关系。同时，政府应当引导和支持农村劳动力提升自身技能，适应技术进步的步伐，缩小城乡间在人力资本积累和就业结构上的差距，以期从根本上缩小城乡劳动者工资性收入的差距。

（二）老龄化对城乡居民财产性收入差距的影响

在探讨我国城乡居民收入构成时，财产性收入虽占比相对较低，但由于经济增长及市场经济体制的不断完善，其潜在增长势头强劲。随着经济快速发展带动城乡家庭财富迅速积累，以及投资渠道和机会的日益多元化，财产性收入在总收入中的地位逐渐显现。城乡家庭的财产主要分为两大类：动产和不动产。动产主要包括银行存款和其他金融产品，如债券、股票等有价证券；不动产则主要包括住宅、土地、汽车以及收藏品等实体资产。家庭财产本质上代表了家庭所掌握的各类生产要素，由此产生的财产性收入则是家庭将其拥有的生产要素投入市场运营，按照要素贡献参与分配所得的合法收入。具体来说，财产性收入既包括转让财产使用权所获得的收入，例如利息收入、租金收入等，也涵盖财产经营运作所带来的收入，如分红收入、资产增值收益等。

家庭财产的积累与家庭收入水平、家庭结构等因素紧密相连。一般来说，只有当家庭人均收入达到一定水准，满足日常消费后仍有结余时，这些结余才有可能转化为财产，进而带来财产性收入。家庭财产的积累是一个长期过程，通常随着家庭主要收入来源者的年龄变化而变化。在家庭财富积累初期，若主要收入来源于青壮年成员，则家庭财产积累相对有限；随着家庭主要收入者年龄的增长，家庭财富总量也将相应增加。城乡家庭人均收入差距和储蓄率差异是造成城乡家庭财产拥有量差异的根本原因。在中国，城镇居民人均收入显著高于农村居民，相应地，城镇家庭储蓄率也高于农村家庭，这使得城镇家庭在财产积累上具有更大优势，进而形成了我国城镇人均财富远超农村的主要原因之一。

财产性收入的多寡与其背后所依托的财产数量密切相关，尤其是超出满足基本生活需求之外的财产存量。假设城乡家庭财产的收益率相同，由于城镇家庭人均财产规模大于农村家庭，因此城乡居民在财产性收入方面的差距自然而然地形成。城乡居民财产性收入差距的产生不仅受限于各自拥有的财产总量，还受到投资机会、投资策略等多方面因素的影响。

具体到我国城乡家庭财产构成，房产通常是最主要的资产组成部分。然而，与城镇房产相比，农村房产的流通性和市场化程度偏低，除满足自住需求外，难以通过出租或出售等形式产生实质性的财产性收入。大量农村家庭面临着财产规模小、闲置严重的困境，且闲置房产不仅缺少增值空间，甚至还存在价值贬损的风险。随着工业化、城镇化进程的加速，农村家庭房产闲置和贬值的问题预计将进一步加剧。

在金融资产方面，农村家庭的人均持有量远低于城镇家庭，加之投资知识的匮乏和投资渠道相对闭塞，大多数农村家庭的金融资产主要以收益较低的银行存款形式存在。反观城镇家庭，其房产在满足自住需求之余，通常具备较高的市场流动性，通过租赁、出售等方式能带来丰富的财产性收入，并且房产本身还具有升值潜力。在金融投资方面，城镇家庭凭借相对丰富的投资知识和更多样化的投资机会，其金融资产配置更为全面和高效，总体上取得了高于农村家庭的收益率。

老龄化通过影响家庭财产积累过程以及家庭对财产的有效利用和管理，间接作用于城乡居民财产性收入差距的形成与发展。要缩小这一差距，除了关注城乡家庭基础收入水平的提升，还需加强对农村家庭财产管理和投资意识的培养，拓宽农村财产的投资渠道，优化农村房产资源的利用效率，同时鼓励农村金融市场的健康发展，让更多的农村家庭能够在财产性收入方面享受到经济发展带来的红利。

（三）老龄化对城乡居民养老金收入差距的影响

人口年龄结构的演变对中国城乡居民养老金收入差距的影响与我国独特的城乡二元养老保险制度紧密相关。这一制度架构于20世纪50年代，本意是为了在农村和城市分别构建一套完善的养老保障机制，确保农民和城镇职工都能享受到一定程度的养老保险。然而，由于城乡间经济发展的巨大落差，城乡二元养老保险制度自设立之初就在对城乡老龄化人口的生活保障层面产生了显著的区别。这种区别主要体现在以下几个关键点上。

首先，城镇地区建立了职工退休制度，而农村地区则不存在类似的退休概念。1951年我国颁布实施的《中华人民共和国劳动保险条例》，第一次在全国范围内为男女职工和职员设定了法定退休年龄，除特殊情况和特定行业外，男性职工和职员的退休年龄设定为60周岁，女性则为50周岁。到了1957年，国务院又出台了《国务院关于工人、职员退休处理的暂行规定》（国发〔78〕104号），进一步细化了退休年龄标准，其中值得注意的是，该暂行规定将女性职员的退休年龄调整为55周岁。自那个时代建立的城镇职工退休制度一直沿用至今，我国现行的退休年龄规定仍遵循1957年的暂行规定。这一制度赋予了城镇职工在达到法定年龄时退休的权利。然而，在我国农民养老保险体系中，从未有过农民退休的说法。我国最早关于农民养老保险的规范性文件出现在1956年颁布的《高级农业生产合作社示范章程》中，但该章程仅提及对老弱病残农民在生产和生活上的适当安置和关照，并未明确提出农民退休的权益。这意味着，即便农民达到一定年龄，他们也没有法定的退休权，最多可以获得生活上的照顾，除非丧失全部劳动能力。随着改革开放的推进，农村实施了家庭联产承包责任制，原先建立在人民公社、生产大队、生产小队基础上的农民养老保险制度基本名存实亡。直至2009年国务院发布了《国务院关于开展新型农村社会养老保险试点的指导意见》（国发〔2009〕32号），农村居民养老保险才真正落地，然而，该指导意见并未涉及农民退休的相关问题。随后在2014年，新型农村养老保险与2011年建立的城镇居民养老保险合并为城乡居民养老保险，但农民退休这一概念始终未能纳入其中。

其次，城乡二元养老保险制度造就了城乡养老保险覆盖率和待遇水平的巨大差距。城镇职工领取的养老金数额远超过农村居民。1957年国务院发布的《关于工人、职员退休处理的暂行规定》（国发〔78〕104号）在确立城镇职工退休制度的同时，明确规定了企业职工的退休费用由所在单位承担，机关事业单位退休人员的退休费由国家负责。由于城镇职工养老金采取现金形式按月发放，故被称为退休金或退休工资，这类收入足以支撑退休人员的日常生活开销。反之，农民群体则没有退休金或退休工资的概念。在人民公社时期，农民从集体获得养老金的方式主要以实物为主，如粮食和农副产品，而且发放时间不定，数量极为有限，养老保障程度极其低下，单纯依靠这些实物保障难以维持基本生活。随着2009年新型农村社会养老保险制度的建立，农民开始以现金形式领取养老金，符合条件的60周岁及以上农民可按月领取，养老金数额随着年龄增长缓慢提高，目前我国农民基础养老金的月平均值大约在100～200元之间，部分地区的额度甚至不足100元。根据人力资源和社会保障部农村社会保险司公布的数据，2019年7月，全国城乡居民养老保险待遇平均水平为163元/月。尽管如此，农民拥有了相对稳定的养老金收入，但与城镇职工相比，两者的养老金差距依然巨大。

随着人口年龄结构的变化，我国老龄化进程不断加快，越来越多的老龄人口依靠养老金维持生活。随着老年人口占总人口比例的不断提升，由城乡二元养老制度引发的城乡居民养老金收入差距问题日趋严重，进一步拉大了城乡居民的整体收入差距。随着老龄人口的不断增加，这一问题的解决显得尤为紧迫，亟须通过深化改革和完善相关政策，逐步缩小城乡之间养老金待遇的差距，实现养老保障体系的公平与可持续发展。

第五章　人口老龄化与转换增长动力

从生产工具和关键技术革新的视角划分，人类社会发展可分为六个显著阶段，即石器时代（细分为旧石器时代和新石器时代）、青铜器时代、铁器时代、蒸汽机时代、电力时代以及信息技术时代。伴随这些技术发展阶段，全球经济形态也相应经历了从农业经济、工业经济再到服务业经济和数字经济的转型和升级。人类社会文明的进步和经济模式的演化，本质是对经济社会发展动力源泉的不断更新和迭代，其中，技术创新尤其是关键核心技术的突破，扮演着推动人类社会进步和经济迈向更高层次的核心驱动力角色。在各个经济发展阶段中，不同动力要素的主导作用体现了经济社会发展的阶段性特征和内在需求，这是人类社会发展的一种客观规律体现。中国改革开放四十多年来创造了高速增长的辉煌成就。然而，随着中国经济总量和规模跃升至全新阶段，特别是在21世纪科学技术日新月异的背景下，原有的经济增长动力已无法充分满足新时期经济社会发展的迫切需求，经济驱动力的转型升级显得尤为迫切。追求经济高质量发展，亟须构建全新的发展动力系统，而技术创新与突破无疑是驱动经济高质量发展的首要推动力和坚实基础。习近平同志强调，“我们必须加快从要素驱动为主向创新驱动发展转变，发挥科技创新的支撑引领作用，推动实现有质量、有效益、可持续的发展”。“我们要坚持创新是第一动力、人才是第一资源的理念，实施创新驱动发展战略，完善国家创新体系，加快关键核心技术自主创新，为经济社会发展打造新引擎”。这对于我国成功实现由高速增长向高质量发展的战略转型具有极其重要的指导意义。

一、相关研究综述

（一）我国经济增长动力回顾研究

为探讨我国经济增长过程中所依赖的短期及长期动力机制，任保平等（2017）搭建了统一分析框架，结合经济的短期波动特点与长期增长趋势，将我国改革开放后经济增长划分为五个阶段，进一步探讨了当前阶段中国经济所呈现出的短期增长率下滑与长期增长动力不足的问题。唐晨悦等（2020）把中华人民共和国成立70年来的经济增长历程划分为四个阶段，分析比较不同发展阶段中经济增长模式和动力机制的区别。李瀚林等（2019）总结出了4种不同形式的经济增长路径：投资驱动型路径、劳动驱动型路径、终端产品消费推动型路径以及创新驱动型路径，认为中国经济未来需要走创新驱动型路径。袁志刚（2021）将改革开放后的中国经济增长历程划分为三个阶段：生产要素的粗放驱动阶段、生产要素配置效率提高阶段和创新驱动阶段，提出战略性的重大科技创新与突破将成为经济持久增长的核心驱动力

杨玉华等（2011）把经济增长分解为供给侧各要素的贡献发现，1952—2009年间年均资本贡献率为39.85%，劳动就业贡献率为25.13%，全要素生产率的贡献率为35.02%。周绍森等（2019）基于罗默的新增长理论对我国1980—2007年间的经济增长进行量化分解显示，要素投入的贡献率为54.38%，其中物质资本的贡献率为44.13%，劳动投入的贡献率为10.25%；剩余的45.62%是全要素生产率的贡献。周申等（2012）使用了指数方法对名义GDP的增长进行分解显示，在1993—2003年间，我国经济增长有34.13%可被非贸易价格效应解释，但贸易条件效应的贡献率却为负值，为-4.50%；此外，资本要素投入的贡献率为31.54%，劳动投入则贡献了4.40%，而TFP的贡献份额达到了34.39%。夏剑君（2019）构建了一个涵盖三次产业的考虑效率损失和资源错配的增长核算与产出变动分解模型，并以此为基础测算了1987—2015年间各因素对经济增长的贡献率，结果显示：该时期内生产要素投入的平均贡献达到了89%，其中又以

资本要素的贡献为主，它是劳动要素的7倍多；全要素的贡献偏小，仅有11%，其贡献主要来自三次产业内部各自 TFP 的提升，但产业间资源错配和要素扭曲的贡献为负。

（二）我国经济增长动力转换研究

探讨我国经济发展动力机制转型是新时代的必答题。陈昌兵（2018）指出，当前我国第一、第二、第三产业的发展驱动力均转向了创新，倡导在创新驱动模式下，摒弃过度依赖要素驱动并对资源环境带来较大压力的传统发展模式，转而依托高端制造业和高附加值服务业来推动经济增长。他强调，确保企业在创新活动中的主体地位对于顺利完成动力机制转换至关重要。周晓波等（2018）将中国经济划分为引进技术和非引进技术两部分，从技术进步方式的视角提出一种新的分析和测量经济增长动力机制转换的方法。他们的研究表明，过去依赖引进技术的进步方式难以维持经济高速增长，而非引进型的自主创新模式将成为未来经济增长的新动力源。乔榛等（2020）从供给侧和需求侧两个维度分析新常态下中国经济的动力机制，提出供给侧应注重培养创新驱动力，需求侧则需深度挖掘消费潜力，为此应缩小收入差距并建立鼓励创新的分配机制。李福柱等（2020）则对中国各区域的供给侧和需求侧动能转换状态进行了评估，指出沿海与内陆地区在需求侧新动能转换上取得一定成效，但在供给侧转换上，沿海地区相较于内陆地区更为先进。郝大江等（2018）从要素配置和集聚视角探究我国经济增长动力转换，认为在新的要素禀赋条件下，应通过资源优化配置引发新一轮的集聚和再集聚，从而催生新的增长动力，实现动能转换。

从人口红利角度看经济增长动力机制转换的研究中，Wang 等（2008）早期认为，最初的人口红利来源于人口结构变化带来的抚养比降低，而随着老龄化进程加快，人们储蓄和财富转移行为的调整能够带动资本积累，形成第二次人口红利。后续研究中，学者们逐渐聚焦人力资本这一新型要素。涂舒等（2013）提出，面对资源红利和传统人口红利的逐渐减少，应当寻求新的经济增长动力源泉，即开发新型人口红利，关键在于挖掘和转化传统人口红利中隐含的人力资本，提升人力资本的质量和规模。张同斌（2016）通过数据分析得出，随着市场化进程加深，劳动力数量优势和成本优势逐渐减弱，而积累的人力资本能显著提升整体经济效率和劳动生产率，进而对经济增长产生积极影响。据此，“人力资本红利”将在新的经济增长周期中取代“人口红利”，成为中国经济增长的关键动力。郭俊缨等（2021）同样认为，在经济转型升级的过程中，中国人口发展模式正由依赖数量型人口红利转向质量型人口红利，中国正从人力资源大国向人力资本强国转变。原新等（2017）、詹韵秋等（2020）都指出，在数量型人口红利逐渐消退的趋势下，质量型人口红利将成为更加持久和强大的经济增长动力，因此应重视如何平稳过渡并充分利用质量型人口红利。对此，他们建议一方面加大人力资本积累，提高人口素质，另一方面有效解决人力资本错配问题，促进人力资本在产业间的高效流动配置。原新等（2021）进一步补充，在质量型人口红利主导阶段，应激活配置型人口红利，促使资源配置模式由原来的数量型人口红利主导下的城乡劳动力单向转移，转变为质量型人口红利主导下产业间人力资本的多向流动配置。

（三）老龄化与转换增长动力

新时代经济增长转向创新驱动，老龄化通过影响技术创新影响经济增长动力。王笳旭等（2017）认为老年人口本身的创新能力和主观创新动机会随着年龄增长而减弱，但老龄化可以通过要素禀赋结构改变和人力资本积累对经济增长产生技术创新效应。老龄化对技术创新和经济增长具有显著的促进作用，老龄化提高了劳动生产率，促进了经济增长向劳动节约型技术进步转型；老龄化通过资本－劳动要素结构改善和人力资本要素质量提升两种途径推动了技术创新。老龄化对技术创新的影响具有显著的人力资本异质性，具有丰富工作经验和高等教育程度下的老龄化对创新和经济增长的作用显著为正，而仅具有初等教育和中等教育程度下的老龄化会显著地阻碍创新。汪伟等（2017）发现，人口老龄化对技术创新产生两种对立效应：一方面，人口老龄化通过提高科研工作者的劳动效率对技术创新产生积极影响，具有劳动效率正效应；另一方面，人口老龄化通过降低人力资本投资水平以及加重老龄负担、挤占创新资源对技术创新产生消极影响，具有人力资本负效应和老龄负担负效应。谢雪燕等（2020）发现，目前老龄化并没有显著抑制我国经济的增长。将人口老龄化对经济增长的影响分解为正向的创新效应和负向的劳动力效应发现，目前我国人口老龄化的创新效应大于劳动力效应，老龄化对经济增长的阻碍作用并未显现。但随着老龄化的加深，创新效应正在逐渐变小，而劳动力效应正在逐渐增大。孙华平等（2021）认为，老龄化对技术创新并非阻碍作用，反而会促进一国技术创新发展。但资源依赖会对技术创新带来消极影响，应该提高资源利用效率，防范自然资源依赖对人力资本投资的挤出效应，并注重人力资本投资，提高区域技术创新水平。翟振武等（2021）认为，随着技术创新由经验实践驱动转向科研实验驱动，技术创新主体由农业和手工业生产者转变为专门的研发人员，研发人员的规模、年龄结构和素质水平会对国家技术创新水平带来直接影响。当劳动年龄人口的绝对规模较大、研发人员占劳动力的比重较小时，人口老龄化不会影响研发队伍的规模、年龄结构和素质水平，养老负担上涨也未必会对研发资金的投入产生挤压效应，人口老龄化并不必然导致国家技术创新水平的下降。豆建春等（2022）研究发现，老龄化对数量型专利申请量的增长具有显著的负效应，对质量型专利申请量的增长具有显著的正效应，该正效应在时间上表现出明显的倒 U 形特征；老龄化对技术创新产生暂时的正效应，但随着老龄化程度的上升，老龄化对技术创新的负效应可能会越来越明显。蒋长流等（2022）研究发现，人口老龄化对本地区及邻近地区技术创新具有显著的抑制作用，人力资本可以显著促进本地区技术创新，但未表现出预期的空间正向溢出；人力资本中介效应检验结果显示，人力资本在人口老龄化影响科技创新的过程中存在部分遮掩效应。司怀涛等（2023）发现，人口老龄化与科技创新均可显著促进经济高质量发展，但人口老龄化与科技创新存在负向关系，老龄化水平过高会削弱科技创新对经济高质量发展的正向影响；人力资本主要通过促进科技创新推动经济高质量发展，人力资本是科技创新的主要来源，当前研发投入需进一步增加。陈燕儿等（2023）发现，人口老龄化与创新效率之间存在显著的正相关关系；老龄化不仅能直接促进创新效率，还可通过健康人力资本、教育人力资本对创新效率产生间接影响，但直接效应超过间接效应；在政府支持、外商投资和城镇化水平的调节作用下，老龄化水平对创新效率的促进作用呈现显著的“边际效应”递减的非线性特征；中部地区的老龄化促进创新效应更大。

老龄化对技术创新有多重影响效应，且表现出非线性和区域异质性。杨校美（2018）发现，人口老龄化与技术创新呈现出显著的倒U形关系，其临界值为人口老龄化程度达到14.61左右，当人口老龄化程度低于该临界值时，它能促进技术创新；当人口老龄化程度高于该临界值时，它又会抑制技术创新。人口结构、养老金制度和法定退休年龄也是影响人口老龄化与技术创新临界值的重要因素，且采用现收现付制养老金制度的国家和提高法定退休年龄的国家都能使该临界值增大。张季风等（2019）发现，人口老龄化对经济增长质量具有负面影响，技术创新与人口老龄化的交互作用对经济增长质量具有正向效应，技术创新可以作为应对人口老龄化挑战的有力举措。邵汉华等（2019）发现，人口结构显著影响技术创新，老年人口比重的提升对技术创新具有显著的抑制作用；人口老龄化与技术创新之间显著存在基于创新条件的异质性门槛效应，在研发投入、人力资本水平、交通基础设施水平的不同门槛区间，人口老龄化对技术创新的影响存在显著的差异，调整上述创新条件变量能够有效弱化甚至规避人口老龄化对技术创新的抑制效应。金昊等（2019）研究发现，老年人口比重提高显著抑制了技术创新水平，随着R&D（研发）投入强度的增加，老年人口比重对技术创新水平的抑制作用不断减弱，交通密度降低了老年人口比重对技术创新的不利影响，因此可以通过提高R&D（研发）投入强度和交通密度等创新条件弱化老龄化对技术创新的影响。楼永等（2020）发现，人口老龄化与我国的科技创新水平之间存在显著的倒U形曲线关系，“人力资本水平”和“资本－劳动力禀赋”是人口老龄化影响科技创新的两个中介效应。同时，科技创新存在显著的正向空间溢出效应，人口老龄化可以通过溢出效应对其他省份的科技创新产生间接影响。随淑敏等（2020）研究发现，现阶段低水平的人口老龄化显著促进了中国企业创新，但长远来看，当人口老龄化超过一定的拐点值时，将抑制企业创新；相对于其他类型的企业，人口老龄化对非国有企业和资本密集型企业创新的促进作用更强；人口老龄化对东部和中部地区的企业创新都产生了促进作用，而对西部地区的企业创新产生了抑制性影响；人口流动抑制了人口老龄化对东部地区的企业创新的促进作用。沈蕾等（2020）研究表明，人口老龄化对高技术产业整体，特别是与老龄人口密切相关的子行业以及大规模企业的技术创新具有显著的正 U 形影响，在老龄化前期，高技术产业技术创新受到的负向影响更为突出，但随着老龄化程度的加深，正向影响将可能会得到更多的体现。孙倩倩（2021）研究显示，人口老龄化对技术创新的影响存在时空异质性，在全国层面统计上不显著，中西部地区表现为抑制作用，东部地区表现出促进作用；人口老龄化对技术创新的边际影响表现出阶段异质性，在创新水平较低时影响不显著，但随着创新水平的提升逐步增强；老龄化的技术创新效应强度在不同维度下差异显著，在经济维度下作用更为明显。袁玺葳（2021）研究结果显示，劳动力年龄和技术创新水平呈现倒 U 形关系，我国平均劳动力年龄的持续上升将会对技术创新产生负面影响；我国东西中部地区劳动力年龄对技术创新的作用差异明显，劳动力老龄化对我国东部地区的影响显著，对西部和中部地区的影响不显著；我国劳动力年龄与三种不同类型的技术创新的关系相似，都呈倒 U 形，劳动力老龄化的加剧将抑制三种类型的创新水平。李竞博等（2022）研究显示，人口老龄化直接影响劳动生产率外，还通过技术创新路径对劳动生产率产生中介影响；以人口老龄化作为门槛变量，技术创新对劳动生产率的影响为正，当考虑其他控制变量时，技术创新在门槛区间内对劳动生产率的影响为负。曹聪灵等（2022）认为，区域层面企业创新水平的提高可以促进经济高质量发展，但人口老龄化会抑制企业创新对经济高质量发展的促进作用；人口老龄化与经济发展水平之间呈现微弱的 U 形关系，即经济发展水平随着人口老龄化程度的加深先降低后升高；人口老龄化斜率变化趋势会因地区经济发展初始水平的差异而有所不同。昌忠泽等（2022）发现，人口老龄化对技术创新呈现出显著的倒 U 形影响，大多数省份已步入人口老龄化对技术创新的负向影响阶段；人口老龄化通过“年龄效应”对技术创新产生负向影响，通过“产业转型效应”和“环境效应”对技术创新产生正向影响；人口老龄化对技术创新的影响机制在各地区表现出不尽相同的特征。吴建飞等（2023）研究显示，人口老龄化水平显著促进经济增长；人口老龄化能通过促进整个社会要素禀赋质量提升和结构改善两条路径推动技术创新；东部地区人口老龄化给技术创新带来的积极影响明显大于中西部地区。

二、转换增长动力的理论基础

（一）马克思主义关于转换增长动力的理论阐释

马克思并没有就转换增长动力进行专门的理论阐述，而是构建了系统的社会发展动力理论，包括：社会发展的根本动力（社会的基本矛盾）、社会发展的第一生产力（科学技术）、社会发展的直接动力（阶级斗争）、创造历史的决定力量（人民群众）、社会发展合力论。其中有关科学技术是社会发展第一生产力的理论论述，对于新时代我国转换增长动力，推动经济高质量发展有着重要的指导意义。

1. 科学技术是人类改造世界的特有的精神力量

马克思深刻认识到，科学技术蕴含着人类主动创新的独特精神潜力，它是最具代表性的展现人类创造力的载体。各类推动人类社会进步的机械设备，例如机器、火车、铁路设施、电报通信设备以及精密纺织机械等，均是科学技术进步结出的硕果。马克思认为，这些物品是人类劳动的成果，是自然物质转化成人类意志操控自然的工具，或者说是在自然界活动中行使功能的有机组成部分，它们是由人手创造出的、象征人类智慧的心灵延伸，实质上是知识力量的具体化表现。

科学技术在增进人们对自然界的理解和探索方面起到了关键作用，同时，它也是推动哲学社会科学强劲前行的动力源泉。人们的思想解放往往伴随科学技术的先声，作为一种重要的精神动力，科学技术有力地推动了社会的发展进步。马克思一直密切关注科学技术的社会影响力，在早期作品中对无产阶级革命局势及阶级斗争在社会发展中的角色给予了大量关注和讨论，19世纪50年代以后，随着科学技术在社会发展中作用日益显现，他对这一议题的阐述进一步深化和强化。

马克思指出，在不同的社会发展阶段，科学技术的作用各有特点和重点。特别是自现代资本主义社会形成以来，科学技术在社会发展中的贡献日益显著，其重要作用不容忽视。为了紧跟时代步伐，马克思深入剖析了科学技术产生的社会正向效果及其可能带来的负面影响。在他提出的“科学即生产力”这一论断中，马克思认为科学的发展是思想财富与现实财富共同演进的过程，实际上揭示了人类生产力进步和财富累积的一种表现形式。人类对外部世界认知和改造能力的提升过程，本质上就是科学技术发展的历程，也是人类主体能力不断提升的过程。因此，科学技术可被视为推动经济社会发展的首要生产力。

2. 科学技术的发展推动了社会形态的转换和社会的进步

马克思指出，机器的发展状况确切反映了工业化进度的程度，真正的机器概念直到18世纪末才得以明确出现。机器发展历程可以归纳为：从简单的工具，到工具的积累与合成，再进展到由人力驱动合成工具，随后自然力介入推动工具运作，最终形成功能完整的机器体系，甚至包含内含动力装置的机器系统。在《资本论》这部巨著中，马克思深入探究了机器的演变过程及其未来趋势。机器的进步依次历经了从独立运作的单个机器，到相互关联的机器系统，再到实现自动化的机械系统这一系列发展阶段。例如，全自动走锭精纺机的出现开创了自动化系统的新时代，最终导致了自动化工厂的建立。马克思准确预见到了自动化时代的来临。机器的发展水平无疑是衡量工业化程度的重要指标，科学技术在这其中起到了至关重要的推动作用，尤其是在现代大型机器的开发与改进方面。资本主义制度的确立及其生产方式的演变，为科学技术的发展与应用提供了必要的基础条件和广阔的发展前景。

在1857—1858年的手稿中，马克思强调了科学技术在资本主义社会中取得的巨大成就，关键在于直接生产过程中，科学有效地调整了劳动主体与对象之间的控制关系，由此产生了机器系统和大规模机器工业。显然，科学在资本主义社会生产中的广泛运用，极大推动了生产力的进步，并在某种程度上促进了劳动力主体力量的增强。马克思认为，创造财富的关键并非单纯取决于劳动时间和劳动量的消耗，而更多地取决于在劳动时间内调动和利用的动力效率，这种效率并不与直接劳动时间成正比，反而是由科技进步水平及其在生产中的应用所决定的。随着现代工业体系的快速发展，财富创造对科学技术的依赖愈发明显，被喻为生产和财富积累基石的正是人类对自身一般生产力的掌握，以及对自然界的理解并通过社会集体的方式去驾驭自然界。科学技术的快速进步，极大地提升了其对财富增长的促进作用。

劳动者的工作方式和生活方式随着科学技术在生产中的发展和应用而发生了深刻变化。在劳动方式上，科学的发展极大地释放了劳动者的生产力，使其在生产过程中更多地承担起监督和调节的角色。而在生活方式层面，科技的应用大幅度缩短了社会必要劳动时间，使得劳动者更多的时间和资源得以解放，人们有更多机会在艺术、科学等领域得到充分发展，这无疑提高了个体的主体地位，为人的全面发展提供了更为充足的保障。与此同时，科学技术的发展也有力地推动了社会形态的转型与进步。自从进入工业大规模生产时代，一般的社会知识直接转变为生产力，社会生活条件也因此发生了相应变化。科学技术的飞速进步，有力促进了社会生产力的发展，进而推动了社会整体的进步。不仅如此，科学技术更是社会变革的直接动力和关键杠杆，随着科技发展不断改良劳动材料和劳动工具，社会生产力、生产方式、社会制度乃至社会形态也随之发生变革。综上所述，科学在历史进程中扮演了推动者和革命者的角色。马克思视科学技术为经济发展的重要知识依托，从根本上讲，人类的科学创造力是区别于自然界特征的重要标志之一，而科技成果的不断创新与更新则是人类实现自我超越的内在源泉。

（二）西方经济学有关转换增长动力的理论

1. 索洛模型与拉姆齐模型

1956年，索洛构建了一个里程碑式的经济增长模型，为后续经济增长理论的研究铺设了道路。索洛模型基于一系列简化假设展开，主要包括以下几个方面：首先，假定经济系统仅有一个产业部门，该部门的产出既可用于生产也可用于消费；其次，排除了国际贸易和政府部门的影响；第三，设定所有的储蓄都被用于投资；第四，承认经济体系在完全价格弹性及货币中立的前提下运行，保证经济始终处于自然增长率的状态；最后，人口增长、技术进步和资本折旧的速度由外部因素决定。索洛在这些假设的基础上建立了他的模型，并对其中使用的生产函数进行了严格的定义。他采用了新古典主义生产函数，公式表示为：

$$Y = A_t F(K, L) \tag{5-1}$$

其中，Y 代表总产出，K 代表资本投入，L 代表劳动投入，A_t 是一个随时间变化的技术水平指数。该函数遵循新古典生产函数的典型属性，即边际生产率递减规律和不变替代弹性。

索洛进一步指出，产出可以分解为投资和消费，表述为：

$$Y = C + S = C + sY \tag{5-2}$$

同时考虑到资本因折旧需进行补充，每年的投资包括新增投资和替换折旧资本两部分，故可表示为：

$$K_{t+1} = I_t + (1 - A) K_t = sY_t + K_t - AK_t \tag{5-3}$$

通过上述关系的运算，索洛推导出描述人均资本动态变化的核心方程：

$$\mathrm{d}k/\mathrm{d}t = sF(k) - Ak \tag{5-4}$$

其中，k 表示人均资本存量，$\mathrm{d}k/\mathrm{d}t$ 是 k 的导数，$F(k)$ 是生产函数的人均形式。根据此方程，当 $\mathrm{d}k/\mathrm{d}t = 0$时，索洛模型达到了稳态平衡。在经济学意义上，稳态意味着经济体系的增长率保持稳定，不会随着时间推移而减小。原初的索洛模型中，稳态下的经济增长率为零，后期的研究者通过引入外生的技术增长率实现了内生经济增长。然而，这种完全依赖于外生因素的增长模型未能揭示经济增长的内在机制，经济增长率也无法由模型内部变量决定。

拉姆齐模型起源于1928年，由凯恩斯的学生拉姆齐提出，他运用变分法探寻长期效用最大化的储蓄策略，但这种方法在解决此类问题时存在一定的局限性。到了20世纪60年代，卡斯和库普曼斯通过最优控制方法成功解决了这个问题，从而避免了拉姆齐原始方法中的积分发散问题。相较于索洛模型，拉姆齐模型具备微观基础，其建立在个体利益最大化的基础之上，且拉姆齐模型最初的变分法源自最优曲线求解，最终演化为利用最优控制法的标准解决方案，这种方法不仅可以处理常规情况，还能应用于某些非标准情景，从而赋予拉姆齐模型独特的微观基础特性。

在拉姆齐模型的动力学路径中，只有沿着特定的路径，即鞍点路径，经济系统才能收敛至稳态。经济学家们在卢卡斯引入理性预期理论后认识到，理性预期的存在确保了经济主体会选择这条鞍点路径。有趣的是，一旦经济达到稳态，拉姆齐模型中的经济行为与索洛模型在很大程度上是一致的，如总资本存量、总消费和总产出将以相同的速率增长，长期增长率则由外生的人口增长率决定，而人均变量的增长率为零。不过，我们深知，经济增长的有效性应体现在人均资源占有量的增加上，因此，无论是标准的拉姆齐模型还是索洛模型，都需要引入新的方法才能真实地解析经济增长问题。尽管如此，索洛模型和拉姆齐模型都为经济增长问题的研究提供了强大的理论框架。

2. 内生增长理论

建立在索洛模型和拉姆齐模型基础上的经济增长理论，都将变量行为视为给定，而此变量正是该模型所发现的增长的主要推动力量，考虑到新古典生产函数具有边际生产率递减的性质，这就自然带来一个问题：经济增长是否有边界？能否摆脱边际生产率递减的性质而实现稳定的经济增长？

卢卡斯的研究进一步启迪了罗默。1990年，罗默发表的经典文章“*Endogenous Technological Change*”，开启了一系列后续研究，为著名的熊彼特增长理论奠定了基础。罗默认为经济体系由三个部门组成：研发部门负责新技术的创新研发，属于完全竞争市场；中间产品部门为最终产品部门提供生产原料，处在一个垄断市场；最终产品部门生产的商品供消费或作为前两个部门的投入品，属于完全竞争市场。研发部门向中间产品部门转让受到永久专利保护的设计，允许中间产品部门将最终产品加工成差异化中间产品，中间产品部门购入设计后将其转化为产品，出售给最终产品部门作为投入。其中，研发部门是一个开放的、利润接近于零的市场，而中间产品部门因其垄断地位能获取经济利润，最终产品部门必须使用中间产品作为物质投入，将研发部门纳入分析是该模型的一大亮点。

在此之前，尽管技术和知识在经济增长理论中被认为是影响经济效率和增长的重要因素，但在传统模型中，它们通常被看作是附加在其他投入（如资本或劳动）上的附属品，而非作为一个独立的部门来对待。也就是说，在罗默1990年提出划时代的理论之前，经济增长模型中缺乏独立的研发部门，同时，研发活动也未被视作一种应获得回报的经济活动，这显然与实际情况不符。

罗默认识到，虽然研发部门表面上利润微薄，但其实它的利润来源恰恰是中间产品部门通过垄断地位所获得的超额利润，因为中间产品部门只有从研发部门获取设计才能进行生产。这是一个极具启示性的发现，它解决了困扰经济学界多年的研发投入补偿难题。

基于以上认识，罗默通过求解一个包含三个部门的模型，计算出了经济的均衡增长率，这是一种不依赖于外部力量的均衡稳态增长，由于引入了研发部门，增长动力来源于有目的的研发活动，这是对原有宇泽－卢卡斯模型的重大改进。此外，罗默将垄断力量内生化到增长模型中，为后续的熊彼特增长理论的建立开辟了先例。

进入20世纪90年代，内生增长理论日趋成熟，其中一个显著成就便是熊彼特增长理论的形成和发展。熊彼特增长理论引入了垄断因素，强调通过模型内变量（如研发活动）推动经济增长，罗默1990年的研究成果成为了熊彼特增长理论的核心模型之一。熊彼特增长理论的成功构建，将熊彼特有关创新的理论进行了形式化表述，并开启了在此基础上的广阔理论研究空间。自此以后，熊彼特增长理论一直是宏观经济学领域最为活跃的研究分支之一。

在卢卡斯、罗默和阿吉翁等经济学家的努力下，内生增长理论迅速崛起并发展成为一个庞大的研究领域，对宏观经济学的发展方向产生了深远影响。诸多学者提出了众多内生增长模型，这些模型分别以创新、人力资本、教育和技术学习效应等因素作为增长动力，并得出在长期中，知识的积累、扩散以及技能的提升是推动经济发展的终极动力的结论，这一点与人类社会经济发展的历史事实相符。

三、需求驱动视角下老龄化对经济增长的影响

（一）老龄化对消费的影响

探讨人口老龄化对居民消费的影响时，可以从社会宏观层面以及家庭微观层面两个维度展开详细分析。首先，从社会层面出发，将总人口分为儿童人口、劳动年龄人口和老年人口三个主要组成部分，各年龄段的消费特性展现出明显的差异。劳动年龄人口的消费行为具有鲜明的生产性特征，他们在日常消费中注重恢复和提升自身的身心健康，包括智力和体力的维护与提升，旨在确保在未来的工作周期中能够持续为社会提供更高效率或更大数量的劳动产出。这部分消费实际上构成了社会人力资本维持和适度增长的重要环节，对于经济社会的发展起到支撑作用。相比之下，儿童人口的消费则体现了对社会未来劳动力再生产的投入，其消费内容主要围绕教育、保健和成长环境等方面，这些花费本质上是对下一代高素质劳动力的培养与投资，可以说是社会人力资本积累的关键一环。而老年人口的消费则更多表现为纯粹的生活消费，其消费行为并不直接关联到劳动能力的提升，主要服务于日常生活需求、医疗保健、休闲娱乐和精神文化生活的享受，体现出对晚年生活质量的关注和追求。鉴于此，从消费对社会劳动能力提升的角度审视，人口老龄化过程将不可避免地导致社会总体消费结构中纯粹消费的比例上升。在社会总消费量保持相对稳定的情况下，纯粹消费的增长就意味着生产性消费的相对减少，这对于社会生产效率的提升以及长期的社会再生产能力巩固无疑会产生消极影响。随着老龄化进程的加

快，如何平衡和优化消费结构，确保经济发展与养老保障的有效对接，成为政策制定者需要关注的重大课题。

转向家庭视角，中国的人口老龄化现象与西方发达国家的情况有所不同。西方国家步入老龄化社会时，往往伴随着较高的经济增长水平和生活质量，而中国则面临“未富先老”的挑战。在中国的传统家庭结构和价值观中，家庭成员特别是代际之间存在着紧密的经济联系。父母在有能力的情况下，通常会在子女购房、购车等重大经济活动中给予援助，并倾向于在身后将遗产留给子女，这是中国文化中根深蒂固的家族传承理念的体现。在老龄化背景下的家庭内部，经济关系可能呈现三种主要形态：一是父母对子女的经济援助，通常出现在父母拥有一定经济实力的家庭；二是父母与子女间相互独立，不再进行经济资助，这种情况多由双方经济状况受限所致；三是子女反过来资助年迈的父母，这在父母退休金较低而子女经济状况较好的家庭中较为常见。总体来看，在老龄化的趋势下，社会可被视为一个放大的家庭单元，随着老年消费支出的增长，其他消费领域的空间自然受到挤压，可能导致整体生活质量的下滑。与此同时，居民对未来收入和消费的预期对当前消费决策有着直接且重要的影响。若居民对未来经济前景抱有信心，预期收入增长且消费压力减轻，他们将倾向于增加当期消费；反之，若预期悲观，则可能采取更为节俭的消费策略。特别是在当前中国深化改革的过程中，面对未来经济发展的诸多不确定性，许多居民选择了相对保守的消费方式。

值得注意的是，年轻一代的消费观念正在发生变化，越来越多人接受并践行西方的超前消费理念，愿意“借明天的钱来实现今天的梦想”。这种消费观念的转变在一定程度上构成了对传统储蓄消费观的冲击，也是影响消费行为变化的一股不可忽视的力量。另外，人口老龄化催生出的“银发经济”也引发了对经济增长潜力的新思考。要判断“银发经济”能否成为新的经济增长点，关键在于其驱动的消费是仅限于改变了消费结构，还是能在调整结构的同时扩大社会总消费规模。只有当“银发经济”能够切实带动社会总消费量的增加，才能视其为推动经济增长的新动力源泉。在这个过程中，政府和社会需共同努力，既要适应和引导消费需求的变化，又要创新和完善养老服务产业体系，让老龄化进程真正转化为推动经济社会持续健康发展的契机。

（二）老龄化对投资的影响

储蓄在经济学研究中占据核心地位，因其作为投资的主要源泉，对经济增长具有深远影响。经济学家针对储蓄对经济增长的作用提出了众多理论模型，其中人口年龄结构对储蓄的影响机制可细分为微观和宏观两个层次。从个体经济行为角度看，人们在生命不同阶段表现出各异的储蓄行为特征，一般规律是在工作生涯中倾向于正储蓄，而在少儿和老年阶段则显现负储蓄倾向。根据生命周期理论，人们会理性规划收入和消费，力求在整个生命周期内实现总效用最大化。然而，这一理论建立在完全理性和制度经济环境确定性两大前提之上，而在现实中，这两个前提往往不完全成立。制度经济学强调人类的有限理性与机会主义倾向，而中国从计划经济体制转变为市场经济体制的巨大变革，不仅改变了人们的储蓄与消费观念，而且制度改革仍在不断推进，这都证明了上述前提的局限性，因此，生命周期内追求总效用最大化的理论在实际应用中需加以审慎考量。从实际情况来看，在其他条件不变的情况下，一国劳动年龄人口比例上升将促使该国总储蓄水平提高，而少儿和老年人口比例上升则会导致储蓄率下降。在同等条件下，人口老龄化确实是一国储蓄率下滑的一个重要因素。

针对中国国情进行老龄化问题的研究时，应特别关注城乡二元结构的特点。在城市中，人口明显划分出少儿、劳动年龄和退休阶段，退休后有稳定的退休金收入，退休决策的分析更加适用于城市人口。但在农村地区，由于没有明确的退休制度，加上农事劳动复杂多样和传统文化习俗，农村老年人往往会一直工作至丧失劳动能力，仅在临终前短暂时间成为纯被抚养人口，故其负储蓄效应相对较小。不过，由于农业产品市场价格偏低，农民劳动的社会贡献在经济指标上显得低于城市工作者，因此，单个农村老年人的负储蓄效应相对城市劳动者较小。

考虑到我国特定历史背景，当前的老年人口曾经历过艰辛岁月，他们在退休后消费行为通常趋于节俭，年轻时积攒的储蓄或退休金往往能较大比例地转化为投资，成为促进投资的积极因素。相较于全球平均水平，我国老年人口的消费水平可能较低，这在某种程度上有助于增加社会储蓄，从而有利于社会资本的积累。在我国，随着观念转变和体制改革，从传统的“养儿防老”逐步过渡到依靠储蓄养老，这一变化在与人口老龄化结合时，也在一定程度上促进了储蓄的增加。

从人均资本配置的角度看，若社会总储蓄量保持不变，人口老龄化虽导致劳动年龄人口比重下降，但每个劳动人口分摊到的储蓄资本将会增加（资本深化），这在一定程度上对投资是有利的。谈及人口老龄化时，常聚焦于经济抚养问题，即“老年人口抚养比”，看似老年人口依赖下一代经济支持，但这种观点忽略了多元化的经济来源。实际上，由于体制原因，对失去劳动能力的老年人口的经济供养可能来自他们自身的储蓄积累，也可能来自下一代的经济支出，或是二者兼具。现阶段，理论上，在城市环境中，老年人口的主要经济来源主要是他们过去的储蓄，而非子女的经济付出。因此，从这个意义上看，人口老龄化并未构成社会负担，也不会直接影响储蓄和相关投资。

人口老龄化对投资的影响还可从劳动力供给角度探讨。虽然直观来看，老龄化会导致劳动力投入减少，但仍有其他因素可缓解甚至抵消这一影响。首先，科技进步和劳动效率提升减少了对劳动力的需求。其次，城市化进程加速，大量农村劳动力涌入城市，与城市中相对先进的劳动工具相结合，提高了劳动生产率，可在一定程度上弥补老龄化带来的劳动力短缺。再次，互联网技术和远程工作的普及，使劳动力得以在更广阔的空间内发挥作用，这也能够在一定程度上减轻因老龄化造成的劳动力供给压力。最后，劳动技术手段尤其是智能化水平的提高，降低了对劳动力体力的要求，为延迟退休创造了条件，从而成为应对劳动力供给不足的另一项重要措施。

（三）老龄化对政府支出的影响

政府支出是指中央政府和地方政府为购买物品和服务而发生的全部费用

总和，但需要注意的是，转移支付并不计入政府支出，因为它仅仅是财富从一方转移到另一方，并未涉及实质性的商品和服务交易，也不会对国内生产总值产生直接影响。从宏观经济层面观察，老龄人口群体主要扮演纯消费角色，随着人口老龄化加深，即老年人口在总人口中所占比例逐渐增大，政府财政的支出压力随之增大，尤其是在政府财政收入既定的前提下，用于老龄群体的相关支出增多，会不可避免地挤占原本可用于生产性项目的政府支出，从而在一定程度上拖慢经济增长速度。经济增长放缓又反过来制约了政府财政收入的增长，形成了恶性循环。

人口老龄化所带来的养老金缺口问题，这是我国目前面临的严峻挑战。我国正在进行的经济体制改革已预示了养老金体系存在的巨大资金缺口，为此，中央政府不得不推行延迟退休等新政策以应对这一危机。政策的推出本身就是对养老金缺口问题严重性的直接反映，可以说，解决养老金缺口问题是我国政府在应对人口老龄化挑战中最为艰巨的任务。而这方面的财政压力，必然削弱政府的购买力，成为阻碍经济增长的一个重要因素。

随着老龄化进程的推进，老年人对于休闲、保健和医疗服务的需求显著增加，使得社会总需求结构发生深刻变化。为了满足老年人口的特殊需求，政府支出结构亦相应调整，例如，政府近年来在养老服务领域推出了多项举措，包括资助社区日间照护服务、老年康复和文化体育活动；针对“三无”（无劳动能力、无生活来源、无法定赡养人或抚养人，或其赡养人或抚养人无力赡养或抚养）老人、低收入老人和经济困难的失能半失能老人，政府出资购买机构供养和护理服务；同时，政府还投资于养老服务人才队伍建设，为养老护理人员提供职业培训、职业教育以及继续教育等服务。这种需求结构与政府支出结构的变动，将通过投资乘数效应直接或间接地作用于社会总体产出。对比发达国家，我国人口老龄化的显著特征之一是“未富先老”，这无疑加重了我国政府的财政压力。

（四）老龄化对进出口的影响

人口老龄化作为一个不可逆转的世界性趋势，对各国的进出口贸易产生了深远的影响，这种影响不仅体现在贸易量的变化上，更表现在贸易结构的深层次调整中。从宏观总量角度来看，人口老龄化往往会引发一系列连锁反应，从而改变社会总需求的格局。一方面，随着老年人口比例的上升，消费需求结构发生变化，医疗保健、养老服务等老年相关产业的需求增加，可能拉动某些特定产品和服务的进口增长。另一方面，随着适龄劳动力人口减少和家庭储蓄习惯的改变，整体消费需求的增长速度可能会放缓，同时投资需求也可能因劳动力市场紧张和技术替代而发生结构性转变，如基础设施建设等领域的需求可能会受到抑制。具体到我国，人口老龄化进程加速带来了对既有经济模式的挑战。尽管短期内，由于积累的家庭财富和社会保障体系的不断完善，老龄人口的消费需求在一定程度上能维持甚至提升一定的进口需求。然而，从长期看，由于劳动力供给的减少和劳动力成本的上升，传统的劳动密集型产业出口优势可能会削弱，制造业出口的竞争力面临考验。为应对这一挑战，产业升级和技术创新成为必然选择，这意味着我国也将逐渐转向更多地生产和出口资本和技术更为密集的产品，这有利于提高单位劳动力产出，减少对庞大且日益减少的年轻劳动力的依赖。

发达国家的经验显示，他们早已通过产业结构优化和技术创新适应了人口老龄化的现实，其进出口贸易明显倾向于高附加值、高技术含量的商品，特别是资本密集型产品的出口占据主导地位，而对劳动密集型产品的进口需求则相应增大，这是基于其较高的经济发展阶段、强大的技术研发能力和相对高昂的劳动力成本做出的战略调整。同样，中国在面对人口老龄化的压力下，必须提前布局和实施相应的战略调整。这包括但不限于加快技术进步，推动智能制造、机器人及自动化设备的应用，实现生产效率的提升；优化教育资源配置，培养高质量人才以满足高端制造业和服务业的发展需求；改革社会保障体系，确保老龄人口的消费需求得到合理释放；此外，适时审视和调整对外经济政策，包括是否适度借鉴西方发达国家引入外来劳动力的做法，但鉴于我国国情复杂，需谨慎权衡开放移民政策对国内就业、社会稳定、文化融合等多方面的影响。

综上所述，人口老龄化对一国进出口的影响是一个动态演进的过程，既包含了总量上的波动，又体现在结构层次上的深刻变革。为了积极应对这一趋势，政府、企业和全社会都需要形成合力，通过科技创新、制度创新和人力资本开发等多种方式，确保在全球化竞争中保持并提升国际竞争力，有效抵御老龄化带来的潜在负面影响，转危为机，实现经济社会的可持续发展。

四、创新驱动视角下老龄化对经济增长的影响

（一）老龄化、人力资本与技术创新

技术创新活动是一种高度依赖知识更新和创新能力的过程，尤其是在研发创新阶段，成果产出以知识产权尤其是专利为主，此类活动风险较高，需要大量的资金支持作为后盾。人口老龄化现象对技术创新产生的影响主要可以从两方面深入探讨：

首先，从个体层面来看，年龄的增长，使科研人员的身体机能和心理状态发生变化，直接影响其创新活动的表现。一般来说，步入一定年龄阶段后，科研人员的身体状况、学习吸收新知识的能力以及创新激情可能会逐步下降，他们在学习新知识、解决问题时所需的时间可能延长，而能够从中获取收益的有效时间却相对缩短。科学研究表明，大约在50岁，人的认知能力会出现一个明显的转折点，此后认知功能如记忆力、逻辑推理能力和信息处理速度等可能出现较为严重的衰退。这种认知能力的退化，特别是在需要高强度学习和迅速响应解决复杂问题的创新工作中，可能导致老龄科研人员的工作效率受到影响。

其次，从社会经济层面出发，老龄化社会意味着年轻一代将承担更大的家庭和社会养老责任，与此同时，政府在养老保障方面的支出亦将持续增加，这不可避免地挤压了原本用于科研创新的资金投入。随着老龄化程度的加深，城镇职工养老保险支付压力加大，这不仅源于老龄人口的增多，还与劳动供给的减少和产业结构变迁有关。养老保险支出的快速增长，有可能削减对科研创新的直接投入，从而阻碍国家创新战略的推进。虽然社会保障制度在增进社会公平和民生福祉方面发挥了积极作用，但过度的养老支出可能会对宏观经济稳定

造成威胁，甚至可能成为制约全要素生产率增长的重要因素，进而拖慢技术创新的步伐。若不调整相关的公共政策，例如税收政策、政府支出分配以及退休年龄等，那么公共研发投入很可能因社会保障开支的压力而被挤出。

在技术创新的价值链中，产品转化阶段更侧重于市场需求导向，风险相对较小，主要表现为各类高科技产品的产出。这个阶段对创新意愿、创新人才培养以及代际经验传承的要求尤为突出。然而，老龄员工在参与创新实践时，往往表现出积极性不高、创新动力缺乏等问题，这对企业的管理提出了新的挑战。职业生命周期理论揭示了其中的原因：年轻员工在追求更高的薪资待遇和更适合自身特长的职业发展道路上，更愿意接受新技术、积累新技能；相反，处于职业生涯晚期的老年员工往往安于现状，对新技术和新操作流程的接纳程度较低，缺乏主动学习的动力。有研究结果显示，在芬兰的生产部门，年轻员工更善于采纳和利用新技术，而老年员工则更倾向于沿用传统工作流程。究其原因，老年员工对新技术和新设备可能存在抵触情绪，因为他们认为投入额外的努力去学习这些新工具可能无法带来与之相匹配的收益，而且他们在时间和精力上的投入劣势更加明显。此外，在产品创新过程中，产品经理需要快速掌握新技术、新方法，并据此进行市场调研和新产品设计。在引入现代信息技术的企业环境中，老龄员工在软件应用培训和团队协作方面的适应难度较大，这不仅影响了企业内部新旧员工之间知识的共享和交流，也不利于新技术的快速传播和应用。私营企业通常更关注老年员工的现有工作经验，而非对其进行新技术培训，这导致老年员工的知识存量未能及时更新和扩展，进一步限制了企业的技术创新潜力。

然而，人口老龄化并非完全负面，也有其积极的一面。随着个体经历的丰富和知识的积累，人力资本水平得以提升，这在某种程度上对技术创新产生积极推动作用。人力资本不同于一般的劳动力资源，它强调的是劳动力在技术、熟练度、素质等方面的差异化特征，且需要通过长期教育或培训才能形成积累。人力资本的增长主要来自两个途径：一是通过正规教育系统如大学和研究机构获得的科学知识，即通用型人力资本；二是通过实际工作中的技术资质培训和自我学习积累的实践经验，即专用型人力资本。在创新价值链的不同阶段，人力资本水平的改进对技术创新的效果具有差异性影响。因此，充分挖掘老龄人口中蕴含的人力资本价值，结合有效的教育培训和激励机制，可助力企业在技术创新活动中更好地应对老龄化带来的挑战。

（二）人口老龄化、要素禀赋和技术创新

在创新价值链的两个核心阶段中，人口老龄化深刻影响了劳动力要素和资本要素的平衡关系，从而推动了技术创新的进程，特别是在产品转化阶段，这种驱动力表现得尤为明显。在创新价值链的第一个阶段，科学研究活动及其经费主要来源于政府资助以及部分企业研发中心受市场需求牵引，但其影响力相较于第二个阶段仍有所不及。在创新价值链的第二阶段，企业成为创新活动的主体，围绕市场需求进行创新实践活动。产品转化阶段，要素禀赋结构的变化对技术创新产生了双重影响。

首要方面，伴随人口老龄化的进程，劳动力市场的供求关系发生转变，从过去的劳动力过剩转变为劳动力供应紧张，低成本劳动力的优势逐渐消失，加之劳动保护制度的日趋严格和完善，企业用工成本逐年上升。根据要素禀赋理论，要素的相对稀缺性可以通过要素价格反映出来，进而引导资源配置向节省稀缺资源的方向调整。内生经济增长理论则指出，老龄化加剧了资本相对于劳动的相对优势，企业为节约稀缺资源、控制成本，往往会采取资本替代劳动的策略，这一变化无疑推动了技术创新的发生。在人口红利期，我国得益于丰富的劳动力资源，实现了大规模生产及产业链延伸，凭借低廉劳动力优势取得经济增长的后发优势，此时企业并未面临强烈的技术研发压力。然而，随着“刘易斯拐点”的出现，工业化进程中的一线地区出现用工短缺现象，促使企业转向工业机器人等智能装备，以代替人力完成重复性劳动，员工角色也从执行简单任务转向技术操控，工作性质发生根本变化。国际机器人联合会发布的数据显示，中国已成为全球工业机器人拥有量最大且增速最快的市场，仅2020年新增安装的工业机器人数量就高达近14.05万台。企业因此增加了资本投入，采

购新型机械设备以填补劳动力缺口，这种现象反过来又刺激了技术创新的必要性和紧迫性。

另一方面，劳动成本的上涨迫使企业重新审视并调整原有的发展模式，着力提升全要素生产率以保障利润空间。依据经济学中的边际报酬递减原理，某一生产要素投入比例的增大，会导致其他要素边际收益的减少。虽然资本在一定程度上可以替代劳动，但替代关系并非无限度，而是存在一个临界值。初期，企业大量投入资本进行技术创新，确实能够获得显著的竞争优势；然而，随着资本与劳动力比例的进一步失衡，边际报酬递减效应显现，单纯增加资本投入可能无法换取相应的产出增长。技术创新本质上是一种内生于经济系统的知识创造活动，与资本和劳动力紧密相连。我国作为制造业大国，正奋力迈向制造业强国行列，劳动力资源的相对紧缺必将激励企业加大对资本的投资，推动以节省劳动力为导向的技术创新。但这并不意味着可以忽视劳动力要素，而是应将资本和劳动力的比例调整至适宜区间，在增强资本投入的同时，重视提高创新型人力资本的效能。当前，我国有一大部分劳动力仍集中在低端就业市场，亟待打破低端锁定的局面。

此外，企业对新型技术和生产设备的高度依赖也催生了持续更新的产品需求，进而反推技术创新的进步。劳动力的稀缺增强了企业进行技术创新的内在动力，因为劳动力要素占比的下降提升了以自动化为核心的创新产品市场需求。采购先进科技产品不仅可以满足创新需求，还能借助科技工具提高创新人员工作效率，进一步激活产品创新活力。在科技企业中，产品经理的角色也随之发生变化，通过应用新的电子设备和算法模型，能够高效地进行数据库的专业分析，并对市场走向作出精准预测。如今，机器取代人工的趋势、“人工智能”等领域的广泛应用，既是技术创新的成果展示，也在提高资本回报率和劳动效率方面起到了关键作用。因此，可以说人口老龄化通过改变要素禀赋结构，对技术创新的影响在第二阶段表现得更为强烈。

第六章　老龄化背景下经济高质量发展对策

我国的社会主义经济建设从来不是一蹴而就的，从高速增长向高质量发展转型涵盖了广泛而深刻的内涵，不仅涵盖实物产品质量、服务质量以及生态环境质量的全面提升，而且涉及对传统观念框架、制度机制及政策设计的根本性改革。这一转型本质上是一个包含发展模式革新和制度机制创新在内的系统进程，决定了高质量发展不可能自然而然地在经济活动过程中自发实现，更不可能仅依赖某一种策略或路径就能达成。习近平总书记在关于经济高质量发展的重要论述中指出，中国在工业化进程中迈向高质量发展阶段，遵循了马克思主义生产力理论的发展规律。推动中国经济实现高质量发展，要求在一段较长的时间跨度内，采取多元化并举的战略措施，包括但不限于科技进步驱动、全要素生产率提升、产业结构转型升级、区域布局优化、绿色发展、开放型经济体系建设、资源要素高效配置以及健全有效的政策支持体系等方面综合施策，以确保平稳有序地推进这一历史性的经济转型。

一、转变发展方式：提升增长质量

（一）构建“有效市场＋有为政府”的市场经济体制

马克思明确阐述了市场竞争在市场经济中的核心地位，认为惟有有序竞争才能最大程度地减少市场交易成本，并为要素市场化改革和资源优化配置奠定基石。然而，现实中的市场并非无所不能，它存在着诸如信息不对称、垄断等问题，这些问题可能导致市场规则不健全、市场监管不足，从而增加了交易成本，引发了市场竞争的不充分和不公平现象，影响了市场对要素资源配置的效能。习近平总书记在《切实把思想统一到党的十九届三中全会精神上来》的讲话中指出："当前，制约我国高质量发展的体制机制障碍还不少，经济体制改革潜力有待进一步释放。要在保持经济社会大局稳定的前提下加快改革步伐，着力构建市场机制有效、微观主体有活力、宏观调整有度的经济体制，为高质量发展提供制度保障。"从粗放式、规模化增长方式向注重质量和效率的高质量发展模式转变，必须进行相应的体制改革创新。

推动以质量和效率为导向的发展方式，实质是要提升资源使用效率和生产力水平。而生产力的发展进步，反过来也会指引生产关系的相应调整；适应生产力发展态势的生产关系调整，能够有力地推动生产力跃升，开启高质量发展的新篇章；反之，若生产关系滞后，则可能陷入生产力进步和经济发展方式转变的瓶颈。在过去的高速发展阶段，已形成的体制机制在某种程度上产生了"路径依赖"，要突破这一局限，就必须加快改革速度，从制度层面为发展方式的转型打开新局面。

改革的首要任务是正确处理政府与市场之间的关系，构建"有效市场"与"有为政府"有机结合的社会主义市场经济体制。政府与市场应各自履行职责，紧密协作，形成良性的互补互动，这是我国社会主义市场经济体制的独特优势。我国经济发展取得显著成就的重要原因之一，就在于成功地结合了市场经济的优点和社会主义制度的优越性，避免了资本主义市场经济的弊端。我们应在坚持社会主义基本制度与市场经济相结合的基础上，继续探索实践，兼顾"有效市场"和"有为政府"，共同破解这一经济学的世界级难题。

构建"有效市场＋有为政府"的市场经济体制，是推动生产关系层面改革、打破原有路径依赖、为生产力发展和经济转型提供制度保障的关键环节。在实际操作中，需进一步明确政府与市场的边界，更好地发挥"有为政府"的作用。在我国社会主义市场经济体系中，国家宏观调控与市场机制密切相连。市场经济的社会主义属性决定了我们在追求效率最大化的同时，始终坚守增进人民福祉、提升人民幸福感的原则。因此，在推进市场化改革的过程中，政府应当扮演积极的引导和调节角色，创建公平公正的竞争环境，助力市场机制高效运作。

深化行政审批制度改革，让政府职能从直接干预价格转变为制定和维护规则，完善公平竞争审查制度，提高产业政策与竞争政策的协同性，确立竞争政策的基础地位，强化对要素市场的监管，做到放管结合，提升政府服务能力，使其成为制定游戏规则和维护市场秩序的核心力量。在此基础上，建立公正有序的市场竞争秩序，充分发挥市场机制资源配置的基础性作用。例如，推行负面清单准入制度，保证市场准入的公平、公开、统一和便捷，同时强化市场退出机制，如企业破产、重组等，以促进资本的自由流动，培养具有独立决策能力的市场主体；提供公平公正的市场环境，保障所有市场主体享有平等的权利、机会和规则；消除地域保护、行政垄断、地区封锁等现象，打破城乡二元结构造成的市场分割，建立全国统一开放的大市场，完善社会主义市场经济体制。

（二）建立完备的要素市场

历经四十多年的市场化改革，我国已经逐步构建和完善了四大生产要素市场，即土地市场、劳动力市场、资本市场以及技术市场。至2019年党的十九届四中全会，数据被正式纳入生产要素范畴，2020年中央在《关于构建更加完善的要素市场化配置体制机制的意见》中再次明确了数据作为与传统四大要素同等重要的第五大生产要素，并明确提出要“加速培育数据要素市场”。目前，我国在土地、资本和劳动力等传统要素市场的市场化配置改革仍有待深入，而技术、数据等新型要素市场的建设则正处于初级阶段，因此，全面建设和完善要素市场体系的任务尤为迫切。

针对资本要素的市场化配置改革，其重心在于不断拓宽融资渠道，触及银行信贷、资本市场等多个领域。鉴于我国金融体系长期以银行为主导的特点，许多企业在融资成本高昂、获取难度大的问题上饱受困扰，尤其表现为大量中小企业和民营企业在融资方面遭遇较大困难。解决企业面临的“融资难”“融资贵”问题，首要之举是通过构建多样、广泛的资本市场来优化金融资源配置。具体举措包括：深化金融服务业的市场准入改革，增强对小微企业和民营企业金融服务的覆盖面；改进和完善股票市场的发行、交易和退市机制，倡导现金分红并强化对投资者权益的保护，在科创板先行先试的基础上，逐步推广新股发行注册制至其他板块，为企业提供更便捷的上市途径；扩容和发展债券市场，通过扩大债券融资规模和丰富债券品种，满足不同企业发债融资的需求。同时，针对企业杠杆率过高与资本市场投机行为并存的问题，须加强金融市场规范建设，回归金融服务实体经济的本质，注重普惠金融、科技金融、绿色金融等领域的发展，以防控系统性金融风险的发生，同时引导更多金融资源流向经济社会发展中的薄弱环节和关键领域，助推经济社会实现更均衡、更高质量的发展。

土地要素市场化配置改革的核心在于提升土地管理的灵活性。当前，我国土地市场的一大短板在于农村集体所有土地入市不充分，存在竞争不够激烈、监管不到位的现象，导致集体土地与国有土地在入市过程中难以实现同权同价，且时常出现过度投机行为。对此，可通过农村集体经营性建设用地入市、农村宅基地“三权分置”以及农村土地征收制度改革等方式，扩大土地使用权的入市范围和流转空间，特别是通过城乡建设用地的一体化和要素的双向流动，使得土地收益更大程度惠及农村，有助于缓解城乡发展失衡，缩小城乡居民收入差距。在中国经济向高质量迈进的过程中，提升土地使用效率至关重要。通过深化产业用地制度改革，激活存量土地资源，推动不同类型产业用地的合理转换，建立灵活的土地供应机制，以最大限度提升产业土地供需匹配度和土地使用效率，以满足经济社会发展对土地使用的多元需求，为高质量发展提供坚实的土地资源保障。

劳动力要素的市场化改革焦点在于推进劳动力在城乡间无障碍、有序流动，以及人才的合理、高效流动。当前，我国农村劳动力迁移依然受限于户籍制度及其关联的公共服务不均等问题，因此，提升劳动力市场的资源配置效率，提高岗位与劳动力之间的适配度，显得尤为关键。一方面，持续推进户籍制度改革，根据城市具体情况差异化、分步骤放宽落户限制，遵循存量优先和自愿选择原则，吸引更多农村劳动力进城，借由人口集聚效应带动居民收入水平提升。另一方面，实行与常住地挂钩的户口登记制度，建立健全医疗、教育、就业创业等基本公共服务体系与常住人口的有效衔接机制，破除城乡劳动力流动的壁垒，解决就业歧视、公共服务待遇不公等问题，以提升劳动力与工作机会的契合度，加快农民工市民化进程，确保他们能够在城市安居乐业。

技术要素市场化改革的核心在于激发科技创新的内在动力。我国科技成果转化为生产力效率不高的主要原因在于产权不明晰和技术供求信息不对称。一方面，要探索、构建和完善科技成果产权激励制度，增强科技人员参与企业决策和市场研究的程度，以便他们及时把握市场需求，针对性地开展技术研发，提高科技成果产业化的可能性；建立科技人员与研发成果利益直接相关的激励机制，调动他们的积极性、主动性与创造性，提高科技供给的质量与效率；清晰界定科技成果的所有权、使用权和收益权，强化科技成果产权保护与市场化运营，营造有利于科技创新和成果转化的良好制度环境。另一方面，依托互联网信息技术平台，培育壮大技术转移机构和技术经理人等中介服务，解决科技创新成果与企业生产需求之间的信息不对称问题，最大限度提升技术要素的实际运用效果。此外，培育本土研发人才队伍，坚定实施自主创新战略，并结合扩大高水平对外开放，加强国内外研发和市场的交流合作，在提升自主研发能力的同时，实现技术进口多元化。

数据要素市场化配置改革的关键在于加速明确数据产权和培育数据市场，前提是具备大量标准化数据并实现数据共享。在新一轮技术革命浪潮下，经济数字化、智能化的趋势日益明显，大数据已成为驱动经济社会发展的重要引擎，被称为“数字经济时代的新能源”。无论是信息服务的精准推送、智能制造的智能优化，还是智慧城市中的数据分析应用，都高度依赖大规模标准化数据的处理。充分释放大数据市场的潜能，发挥数据要素的核心驱动作用，一方面需要推动政府数据开放共享，提高公共部门标准化数据的利用效能，以实现更好的社会效益；另一方面要通过市场化手段消除数据孤岛，实现大数据的整合和有偿共享，依托数字经济新产业、新模式和新业态，推动数据要素与产业深度融合，充分挖掘并提升其社会经济价值。同时，针对由于数据产权制度不健全而导致的数据归属不清、使用效率低下等问题，应加速推进数据产权法治化进程，明确数据产权归属，规范数据市场价格形成、交易和市场监管，强化数据资源安全保障，确保市场健康有序发展，为我国经济迈向高质量发展注入强大动力。

（三）深化要素价格市场化改革

推进要素价格市场化改革的核心是以市场竞争为手段，使要素价格真实反映其稀缺性并以此调节供求关系，消除政府不必要的干预，将价格制定的主导权交还给市场，从而优化各类要素资源的配置。在资本要素市场上，需培育出符合市场要求的金融融资主体，提升金融机构自主定价及风险定价能力，引导金融机构建立灵活适应市场变化的存贷款利率定价机制，构建以央行基准利率为基准，货币市场利率为中介，由市场供求决定金融机构存贷款利率的市场利率体系和利率生成机制；同时，健全浮动汇率制度，增强汇率弹性和灵活性，构建开放、竞争、多层级的外汇市场，推动人民币汇率形成机制市场化。在土地要素市场上，需打破政府对土地供应的垄断局面，积极推进城乡一体化建设用地市场的构建，完善城镇建设用地价格形成机制，确保土地价格能在统一市场中起到优化资源配置的导向作用，真正实现国有土地与集体土地在使用上“同地同权同价”，完善土地价格体系，赋予农民更多财产权益。劳动力要素市场上，应通过改革户籍制度，消除由此引发的工资、社会保障及公共就业服务的不平等待遇，确保农村劳动力能享受到与城市居民平等的就业机会和同工同酬待遇；在国有企业内部普遍实施职业经理人制度，建立长效的薪酬激励约束机制，松绑对国有企事业单位职工工资的行政管控，真正做到破除妨碍劳动力、人才社会性流动的各种体制机制障碍，保障每个人都有通过辛勤劳动实现自我发展的权利。在技术和数据要素市场，需明确技术、数据的产权规则，明确产权关系并强化产权保护制度，逐步完善技术数据产权制度；建立健全技术数据成果转让、交易和转化的市场服务体系，规范交易行为，防止市场垄断，提升技术和数据市场化配置效率及转化为现实生产力的水平。

除了让各类要素在各自的市场上充分体现市场在资源配置中的决定性作用，形成市场价格之外，完善要素报酬机制、充分发挥要素价格的激励作用也极其重要，这是提高民众对经济发展成果获得感的重要路径。市场化形成的要素价格能决定要素所有者的报酬，因此，建立和完善市场评价要素贡献并据此分配报酬的机制，不仅可以提高要素所有者，特别是基层劳动者的收入水平，更能激发其工作热情和创新潜能，从源头上推动社会生产力的进步。随着该机制的成熟和完善，市场对各种要素贡献的评价将越来越准确、客观，要素报酬在收入分配结构中的体现也将愈发充分。这一机制对反映要素市场供求状况和要素供给质量优劣的敏感度越高，对优化要素资源配置效率的效果也就越显著。因此，鼓励企业依据要素市场的供求结构和要素质量水平设定要素报酬比例，既能有效调动稀缺要素，又能激励优质要素特别是优质稀缺要素的供给，这对于提高资源使用效率和提升全要素生产率具有至关重要的推动作用。

二、优化经济结构：促进均衡发展

（一）实现高水平供需平衡

1. 提高消费能力，形成高水平需求

强化社会保障体系以增强老年群体的购买力。随着我国社会保障制度改革的深化，城乡居民医疗保险覆盖面已大幅度扩大，这对广大老年群体，特别是农村老年群体生活保障具有重大意义。尽管我国已成为全球老年人口最多的国家，但老龄产业的发展尚处初期阶段，产业链尚未成熟，老年人群的消费能力相对较低，其潜在消费需求未能得到充分释放，老龄消费需求与老龄产业发展滞后间的矛盾日渐突出。至21世纪中叶，无论我国维持较高生育率或是较低生育率，65岁以上老年人口占比都将显著增加，可能超过20% 乃至达到30%，届时65岁以上老年人口总量将突破3亿大关。老龄产业涵盖农业、加工业和服务业三大领域，分别满足老年人口对特殊农产品、生活必需品及配套服务的需求。其中，老龄产业对服务业的影响最为显著，随后是加工业和农业。激活老年群体的消费潜力，无疑将有力驱动产业结构的转型升级。因此，优化社会保障制度，提升老年人的消费能力，是将人口老龄化挑战转为产业结构调整新机遇的

关键策略之一。

2. 提升人力资本，形成高质量供给

逐步放宽生育政策并设立生育鼓励措施，同时考虑适当延长退休年龄。我国自20世纪80年代开始执行严格的计划生育政策，有效抑制了人口过快增长，但也间接引发了老年人口数量迅速增加和人口老龄化进程的加快。尽管自2016年起实施了“全面二孩”政策，但实际效果并未达到预期，新生儿数量反而有所减少。当前，我国的总和生育率已跌破1.5，远低于替代水平2.1。鉴于适龄劳动人口自2012年开始下滑，若总和生育率长期低迷，将对今后数十年内的劳动力供给带来严峻挑战。研究表明，人口老龄化对劳动力供给和劳动生产率均有消极影响。为此，一方面应当进一步放松计划生育政策并配合建立生育鼓励机制，以减缓适龄劳动人口缩减速度，减轻劳动力供给短缺对整体产业结构升级的压力；另一方面应逐步调整退休年龄政策，尤其是针对技术密集型行业员工，这类人群劳动生产率往往随年龄增长而提高，适当延迟退休年龄有助于缓解因人口老龄化所导致的劳动生产率下滑对产业结构内部升级所产生的负面效应。

加快积累人力资本，提高劳动生产率。自2012年起，我国适龄劳动人口总数开始下滑，标志着长期以来依赖人口红利推动经济高速增长的阶段告一段落。得益于20世纪末我国高等教育的大规模扩招政策，近年来我国高校毕业生人数持续攀升，有力提升了劳动力市场的总体素质。然而，相较于欧美等发达国家劳动力市场普遍较高的教育水平，我国劳动力市场整体教育程度仍有较大差距，目前接受过高等教育的劳动力占比仅为20%左右，远低于发达国家50%左右的平均水平。研究显示，面对当前的人力资本需求，第二产业劳动密集型岗位需要大约9.1年的教育年限，资本密集型岗位则需要10.4年，技术密集型岗位所需的教育年限更高。然而，2011年中国农民工平均受教育年限仅为9.6年。考虑到未来产业变迁可能导致工作岗位向资本和技术密集型转变，我国当前的劳动力教育水平显然不足以支撑这种转型。因此，在应对人口老龄化的形势下，唯有加大高等教育投入力度，提升劳动力市场整体素质，方能为产业结构升级尤其是制造业升级提供必要的智力支持。

（二）推进区域均衡发展

（1）充分利用我国各区域间的发展梯度差异，实施因地制宜、差异化的发展战略和产业政策。鉴于各地资源禀赋、地理位置、发展历程以及政策环境的不同，我国各大区域的空间结构与发展阶段差异显著，这也决定了各地区产业结构升级的方向各异。例如，东部地区虽面临严重的人口老龄化问题，但由于其经济发达、人才吸引力强，汇聚了大量的高技能人才，故可借力这一优势，引导和推动这些高素质人才流向科研、信息技术、教育培训等知识密集型服务业，以此助力产业结构向更高层次转型升级。对于中部地区，其老龄化程度次于东部，但产业结构高级化程度相对偏低，原因在于中部地区的人力资源相较于东部较弱，自然资源又不如西部地区丰富，加之长期以来的人口流出现象，给中部地区的经济发展带来了一定阻力。因此，中部地区应当双管齐下：一方面，不断完善人才引进与激励机制，打造优越的发展环境，既留住本地人才，又吸引更多外来人才，力求缩小与东部地区在人力资本上的差距，推进产业结构升级；另一方面，加大对中部地区交通基础设施建设的投入，缩短与东部城市的通勤时间，利用中部地区独特的地理位置，充分发挥其连接东西部地区的桥梁作用，加快生产要素流动和提高资源配置效率。西部地区由于老龄化程度较低，且拥有丰富的自然资源和相对廉价的劳动力，因此具备后发优势。在此基础上，西部地区应紧紧抓住国家深入推进西部大开发的战略机遇，强化与东部和中部地区的产业联动，引进已不再具备比较优势的劳动密集型产业和初级加工业，同时借鉴并引入先进的生产和管理模式，构建健全的跨区域产业联动机制，优化区域间的产业分工格局，迅速越过经济发展瓶颈，实现产业结构的平稳过渡和升级。

（2）完善政府宏观调控机制，着力推动区域经济协调均衡发展，为区域间的产业转移创造良好的外部环境和条件。随着中国人口老龄化进程加快，适龄劳动人口将逐渐减少，劳动力成本亦将上升，区域间的产业分工与产业转移将成为我国产业结构升级和区域协同发展的关键路径。具体而言，政府要坚持全局性原则，既要加强对工业基础扎实、辐射效应显著的东部沿海地区的支持力度，也要对工业基础较为薄弱但资源丰富、发展空间广阔的中西部地区给予积极的政策扶持，特别是在财政政策上予以适当倾斜。同时，政府应健全对新兴产业尤其是老龄产业的扶持体系，通过灵活的税收和财政政策，如税收优惠和研发补贴等，大力推动老龄产业的快速发展，以满足国内老年群体不断增长的消费需求。此外，要加快构建区域性的资本市场融资体系，鼓励民间资本参与投资，构建多元化的投融资体系，以银行贷款、资本市场融资为主体，财政支出为辅助，拓宽中西部地区产业发展的资金来源。最后，要加大中西部地区的开放力度，创新高层次人才引进、使用和激励机制，打破户籍限制和行业壁垒，依靠市场化手段优化人力资源配置，确保人才流动的自由与合理性。

（3）推动形成科学合理的区域产业分工体系，各地依据自身资源禀赋和竞争优势，选择适宜的主导产业。面对东部地区日益严峻的能源、土地、环境承载力压力以及劳动力成本上涨，导致劳动密集型和科技含量较低的资本密集型制造业竞争力削弱的局面，东部地区应充分发挥其人才集聚的优势，集中力量发展高科技和战略性新兴产业，以保持其在产业发展和市场竞争中的领先地位。与此相对，中西部地区则应抓住这一契机，在确保环境承载力的前提下，积极接纳东部地区转移出来的中低端产业。在东部地区劳动密集型和技术含量较低的制造业向外转移过程中，中西部地区要根据自身资源特点和庞大的劳动力就业压力，审慎选择和发展主导产业和优势产业。换言之，现阶段中西部地区应优先考虑引入和发展那些契合自身资源禀赋、符合环保要求的劳动密集型和技术含量相对较低的资本密集型产业。作为一个幅员辽阔的经济体，我国的产业升级过程展现出典型的“雁行模式”，通过在东部、中部和西部三大区域之间重新布局产业，即东部地区的产业升级、转移与中西部地区的产业承接，使中西部地区能够在回归劳动力优势的同时，保持劳动密集型产业在我国的有效延续。通过这种有序的产业转移与对接，我国有望实现全地域、多层次、可持续的经济发展新态势。

（三）加快产业结构优化

（1）强化科技研发投入，激发自主创新活力。我国近年来在三方专利申请数量上实现了显著增长，但这种增长主要归功于大型企业的技术创新成果。我国的中小企业广泛分布于工业、农业和服务业等领域，吸纳了大量就业人口，但受限于其研发基础薄弱、融资困难等问题，往往难以承担高风险的科技研发项目，从而制约了自身的发展。创新是驱动国家经济增长和繁荣的根本动力，也是产业结构成功转型升级不可或缺的技术基石。当前，我国的研发经费支出占 GDP 比重约为2%，与欧美发达国家相比仍有较大差距，且大量的 R&D 补贴主要集中在大型垄断企业，进一步拉大了大中型企业和小微企业的研发能力差距。因此，加大对中小企业的金融扶持力度，解决其研发资金难题，建立健全专利保护制度，是推动我国经济由高速增长转向高质量发展的关键。

（2）持续推进工业结构调整，全力发展战略性新兴产业。过去数十年间，我国经济的高速发展是以大量消耗自然资源和低效利用为代价取得的，发展模式较为粗放。在此过程中，我国工业企业发展迅速，为经济增长作出了巨大贡献。然而，随着环境问题日趋严重以及诸如钢铁、煤炭等行业出现产能过剩的现象，许多企业经营压力增大，甚至面临破产边缘。相关研究显示，我国造纸、化工纤维、非金属矿产加工等多个工业行业普遍存在产能过剩情况，经济增长方式不合理、盲目投资热潮以及地方政府对市场主体过度干预是导致工业产能过剩的主要原因。对此，国家已多次推出相关政策，旨在推动工业去产能，这不仅有助于提升工业企业的生产效率，还能促使更多劳动力转向文化、教育、科技服务业等第三产业，进而推动产业结构的整体升级。对于产能严重过剩的传统产业，应在削减产能的同时，借助国家对战略性新兴产业的政策支持，聚焦于节能环保、新一代信息技术、生物科技、新能源汽车、高端装备制造和新材料等新兴产业的发展。

（3）结合我国人口老龄化进程与经济发展水平，各产业应依据自身特性与发展趋势选取适宜的产业结构优化路径。尽管人口老龄化确实推动了产业结构的整体升级，但在产业结构内部升级的过程中，老龄化的影响利弊兼具。关键在于如何有效利用老龄化带来的产业升级机遇，同时尽量规避其潜在的负面影响。在强调产业结构整体升级的同时，内部升级同样重要。对于第一产业，随着年轻劳动力外流和老年人口增加，农业劳动力将会锐减，可通过国家层面加大对农业机械化设备的补贴力度，并由地方提供现代农业技术免费培训，以促进农业现代化和结构调整。对于第二产业，随着劳动力成本上升，劳动密集型制造业将逐步向资本和技术密集型制造业转型。然而，当前我国劳动力受教育程度普遍不高，难以支持这一转型过程。为此，一方面，可以通过加强校企合作，整合双方优势资源，依托高校培养更多适应现代制造业所需的高素质人才，既缓解大学生就业压力，又能推动制造业结构升级；另一方面，企业应定期组织员工参加免费职业培训，提供终身学习机会，让员工掌握最新技术和技能。对于第三产业，随着工业化后期的到来，我国第三产业的就业和产值比重将持续提升，当前生活性服务业比重偏高，生产性服务业发展空间巨大。为了推动服务业结构升级，国家应集中优势资源，重点培育一批知识密集、资本和技术密集、高附加值和高度集群化的高端服务业，比如现代金融业、信息服务业和文化产业等，使之成为引领服务业转型升级的核心驱动力。

三、转换增长动力：加快创新驱动

（一）落实创新发展战略

1. 强化自主创新能力

坚定不移走中国特色自主创新道路，搭建更为开放的科技创新平台，构筑公正公平透明的科研环境和科技信息资源共享平台，营造包容开放的创新文化氛围，充分激发创新活力和释放创新潜力。自主创新并不排斥对外学习，而是要坚持“引进来”与“走出去”相结合，积极开展国际技术交流，融入全球创新网络。面对我国部分产业在全球产业链和价值链中尚处于中低端的实际问题，我们需要紧跟国际创新前沿，突破关键技术瓶颈，抢占国际尖端科技发展先机；围绕国家战略目标，集中精力培育和发展战略性新兴产业，汇集整合优质资源，创新经济形态和发展模式，推进产业升级，加速科技成果向生产力的转化，切实提升广大民众对科技创新成果的获得感。同时，要充分发挥中国特色社会主义制度能够集中力量办大事的优势，有效整合各类创新主体，调动各方积极性和主动性，强化基础研究，着重攻克关键领域核心技术难题以及前瞻性基础研究，力争进入世界创新型国家前列，引领未来经济社会发展方向。

2. 深化科技体制改革创新

科技创新与科技体制的改革如同驱动创新发展的“两翼”，相互依存、缺一不可。当前，科研成果产权不明晰导致转化效率低下，科研机构治理结构不健全所引发的“所有权缺失”“管理层行动受限”等问题突出，以及科技创新资源配置市场化程度不高等，已成为制约我国科技创新事业发展的瓶颈。为破除科技创新的桎梏，必须全面推进科技体制改革。探索确立平衡国家、科研机构和科研人员权益的产权制度，深化科技产权改革，明确研发成果产权界限，激发各方创新热情，推动成果转化，优化创新生态。深化科研机构制度改革，完善科研机构管理制度，明确其法律地位，为科技创新拓展广阔空间；同时，推动建立世界级的国家实验室和科研机构，加快构建国家战略科技力量体系，确保国家战略意图得以落地实施。大力推动科技投融资体制改革，加大对基础科研和重大战略领域的投入，优化财政科技投入机制，为科技创新提供持久动力，巩固企业在创新中的主体地位，并加大对科技创新活动的反哺和激励，形成“改革促创新，创新带发展”的良性互动。强化科技力量统一调度，完善科技治理体系，为深入实施创新驱动发展战略提供坚强保障。构建以质量和绩效为核心导向的科技创新考核评价与奖励机制，赋予单位评价自主权，优化同行评审机制，加强科研诚信管理和监督体系建设，以激励科研工作者，激活创新活力，营造一流的人才集聚和使用环境；同时，发扬企业家精神，培养具有国际领先水平的科技人才队伍和创新团队。坚持市场在资源配置中的决定性作用，消除科技资源配置的过度行政化，优化国家科技规划体系及其运行机制，强化对科技任务的规划布局，促进科技创新资源的有效流通和高效配置；同时，加大科技创新对外开放力度，积极吸引全球顶级科技创新资源，打造国际科技创新资源配置中心。构建完善的科技、产业与金融协同发展的政策体系，强化科技资源整合，加强对科技成果产权的保护，提高科技成果向生产力转化的效率与效果，确保科技成果转化收益的合理分配，从而激发全社会、全民的创新潜力。

3. 优化创新生态环境，激活创新活力

改进研发环境，增加科技创新投入，着力培养和引进创新创业人才，优化科技服务供应；进一步完善科技成果向生产力转化机制，增强科技金融和金融科技的融合深度；建立健全科研创新行为规范和标准，对科研诚信和创新成果产权的确立、运用、保护和管理采取“两手抓两手都要硬”的策略，构建公平公正的市场竞争环境；细化和完善企业创新政策，扩大普惠性政策覆盖面，减轻企业税费负担，鼓励企业增加研发投入，增强企业创新动力；广泛开展科普教育，提升国民科学素养，在全社会营造包容的文化氛围，鼓励和保护“敢闯敢试、勇攀高峰、不畏挫折”的创新精神，最大程度吸引和凝聚高素质人才，促进人才成长，全面激发全社会的创新活力和创新动力。

（二）完善国家创新体系

1. 强化战略规划与制度建构

基于我国的具体国情和科学技术发展现状，科学设计国家创新体系建设的战略目标和指引，积极引导各类创新主体发挥各自优势，以创新驱动经济的可持续发展。在迈向高质量发展的新时期，国家创新体系的构建应以知识的生成与分配为核心，打破传统的科研机构、企业和政府作为知识生产主体的局限，将消费者纳入知识生产和分配的过程，重视开放式创新体系的建设；不断冲破创新边界的束缚，完善国家社会信用体系，增进创新主体间的诚信互动，强化科技创新研发及成果运用的共享机制，营造知识共享的良好环境。一个具备互动性、开放性和共享性的国家创新体系，将进一步提升创新成果向生产力转化的能力，有力促进经济高质量发展。

充分发挥国家创新体系对创新驱动发展战略实施的支撑效能和对高质量发展的推动力，须不断对其进行优化升级。单靠市场的力量无法实现创新体系的最佳状态，还需持续完善相关制度建设、制定合理的政策法规以推动国家创新体系持续向最优状态演进。例如，在具有正外部效应和亟待突破的重要创新领域，政府应提供企业研发补贴以降低成本，并持续提升制度的规范化和常态化水平，增强政策的灵活性与韧性，以实现国家创新体系效率的最大化。同时，深化“放管服”制度改革，促进国家创新体系中各创新主体间在科技创新活动中的互动协作、互相学习及创新成果的共享，强化创新对生产力发展的驱动效应。此外，国家创新体系的战略部署应重点关注需求反馈、技能提升和金融服务等方面。科学分析新时代居民消费升级导致的从日常消费品向高端产品、高品质消费品以及科教文体卫等享受型和个人发展型消费需求的转变趋势，精准捕捉科技创新活动的指向和发力点，形成供需两端的有效互动创新体系。提升国家教育系统的合理性与研究实力，扩大高等教育规模、增加受过高等教育的人口，改进职业教育的办学理念和模式，增强师资力量和资金保障，规范并强化资格认证以提高职业教育的教学质量和公众认可度，这些都是新时代新阶段国家创新体系提升人力资本积累的关键路径，也是缩小与发达国家差距、满足经济高质量发展进程中社会和企业需求的重要方法。逐步构建一套能满足企业在创业初期、成长期、成熟期等不同阶段融资需求的多层次资本市场，推动国家创新体系融资渠道由单一银行信贷向多层次资本市场体系转变，以更好地适应不同创新主体在不同发展阶段和面临不同风险层级的资金需求，实现创新活动的多样化和差异化发展，助力经济高质量发展。

2. 强化企业的创新主体地位

“科技是国家强盛之基，创新是民族进步之魂”。科技研发作为创新事业蓬勃兴起的先锋驱动力，依赖于奋战在科研一线的专业人才。国家依托大学、科研机构以及国家战略层面的高科技研发中心等专业化组织，依据国家长远发展战略、现有技术水平、人才队伍状况、学科优势等多方面的创新资源，明确优先发展的创新领域。通过科研投资的战略性引导，催生出涵盖信息资本、数字资本、知识资本在内的、能够引领未来经济社会发展的创新性资产。积极推动基础研究体系的建设，持续加大对于基础研究的资金投入和政策支持力度，激发高校、科研机构和企业积极参与基础研究和应用基础研究的热情与积极性，致力于在微观、中观、宏观各层次上的理论突破，为技术创新和企业生产力水平的提升提供扎实的知识支撑，并通过基础研究活动培养更多高层次的基础研究人才，为理论创新作出更大的贡献。

创新的目的在于将科技成果切实应用于企业生产，提升生产力水平，创造满足人民群众日益增长美好生活需求的产品和服务。任何脱离企业实际需求的科技创新都可能导致资源的无效使用。因此，除基础科学研究之外，政府、高校、科研机构等单位的科研与创新活动应当紧密围绕企业需求开展。以企业需求为导向设置科研项目策划机制，政府相关机构面向全社会公开征集符合国家发展所需的科研课题，然后以此为基础向科研院所、高校和企业等创新主体公开招标，经过专家个人审查和集体审议后决定中标项目，进入创新主体的研发实施阶段。事实证明，与企业需求结合越紧密的创新主体，获得的研发项目与经费资助往往越丰富，使得高校、科研机构等公共科研部门的地位得以提升，社会影响力也相应增大。

通过制度革新，进一步强化国有企业在国家战略性、公益性和基础性科技创新中的主导作用，以及大型企业在市场竞争领域中的示范作用和中小企业的活力源泉作用，促进国有企业与民营企业在战略上互补，构建和完善国企与民企互补共生、大中小企业协同创新的科学企业创新体系。同时，要不断推进针对中小企业的创新体系建设和支持政策的优化，灵活调整对中小企业的税收优惠措施，对科技型中小企业、新技术新产品开发项目、具有高外部性特点的研发投入较大的项目，实行创新税收减免或退税的财政支持政策，设立创新转型基金，鼓励企业主动参与协同创新，不断孕育和打造具有国际领先竞争力的创新型企业，从而加速推进企业创新体系的建设进程。

3. 强化产学研用融合

产学研一体化是实施创新驱动发展战略的核心环节，也是推动经济走向高质量发展阶段的内在要求。党的十九大报告明确提出，要“深化科技体制改革，构建以企业为主体、市场为导向、产学研深度融合的技术创新体系，加大对中小企业创新的支持力度，促进科技成果转化”。历经多年的努力，我国在产学研合作方面取得了显著进步，然而在推动产学研合作深化及科技创新成果转化为现实生产力方面仍面临一些挑战。因此，必须不断深化科技体制改革，真正实现产学研深度融合发展，以创新驱动经济高质量发展。

推进产学研深度融合，首先要明晰各创新主体的功能定位，基于各自的创新资源优势，在国家创新体系中合理划分高等学校、科研机构和企业的角色。高校应专注于基础研究，科研机构应侧重于应用集成研究，二者携手为理论创新和企业技术创新提供强有力的支撑。同时，企业作为市场需求的直接反映者，应发挥其在创新决策和研发投入上的导向作用，提高创新效率，加速创新成果的产业化进程。

推动产学研合作机制的建设和完善，强化各创新主体之间的紧密合作和创新成果的转移共享，全面提升各类主体的创新能力，形成系统性的产学研协同创新体系。建立技术创新成果商业转化模式，积极推动技术创新合作平台的搭建，借助中介服务平台有效披露科技成果信息，加速科研专利的申请和转化，促进创新成果转化为现实生产力。

产学研深度融合还需要政府发挥更好的引导、参与和服务作用，这也是构建高效科技创新体系，推动产学研一体化的有效路径。作为引导者，政府需综合平衡各创新主体的利益诉求、需求和共享程度，引导构建公平合理的利益分配机制，激发各类主体参与创新活动的积极性、主动性和创造性；同时，引导建立科学的风险防控机制，提高创新成果转化为生产力的效率和经济效益，降低创新主体的风险承受压力。作为参与者，政府应积极推动构建协同创新的治理体系，有效化解科技创新的外部性问题，动员各主体共同参与重大科技项目特别是基础领域和关键共性技术的研发攻关，突破核心技术瓶颈，提升产业链水平，推动产业结构升级转型。作为服务者，政府要强化创新主体的产权保护意识，建立并完善现代产权制度，同时加强科技金融与金融科技的有机结合，为产学研深度融合提供多元化的资金支持渠道，降低创新风险，提高创新主体的创新积极性。

国家创新体系将创新提升到国家层面进行全面考量，关注知识、技术和技能等因素对创新的深层次影响，激发创新主体的内在活力，推动创新成果的共享，是推动经济从低层次向高层次、从追求数量到注重质量转变的重要保证，也是我国经济由高速增长阶段转向高质量发展阶段的重要支撑力量。

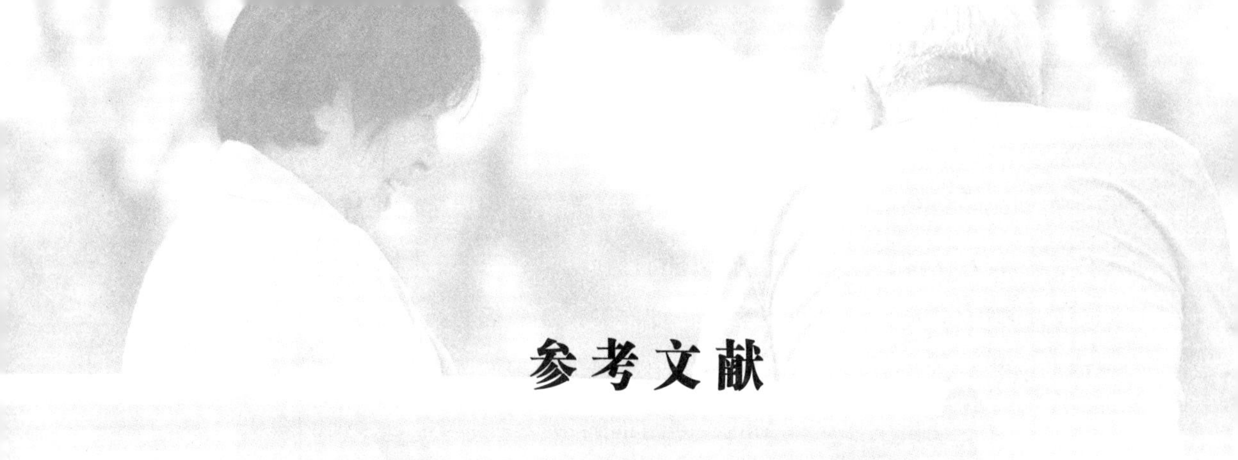

参考文献

◎ 白景明，2013. 居民人均收入倍增与经济增长的关系 [J]. 价格理论与实践（5）：5-8.

◎ 暴晓丽，2016. 中国人口老龄化对城镇居民消费行为的影响：基于中国家庭金融调查数据的实证研究 [J]. 价格理论与实践（12）：163-166.

◎ 蔡昉,2010. 人口转变、人口红利与刘易斯转折点 [J]. 经济研究,45(4):4-13.

◎ 蔡昉，2012. 中国人口与可持续发展 [J]. 中国科学院院刊，27（3）：314-319.

◎ 曹聪灵，肖国安，2022. 人口老龄化对经济高质量发展的影响：基于企业创新视角 [J]. 湘潭大学学报（哲学社会科学版），46（3）：79-84.

◎ 曹荣荣，郝磊，2018. 人口老龄化背景下健康对中老年劳动供给的影响 [J]. 经济问题（10）：33-40.

◎ 昌忠泽，姜珂，魏诗谣，2022. 人口老龄化对技术创新的影响研究 [J]. 财贸研究，33（11）：55-68.

◎ 晁思达,2012. 论人口老龄化对我国消费结构的影响 [J]. 中国证券期货(5):199.

◎ 陈昌兵，2018. 新时代我国经济高质量发展动力转换研究 [J]. 上海经济研究（5）：16-24，41.

◎ 陈冲，2013. 中国人口老龄化的消费效应分析：基于生命周期假说理论 [J]. 中央财经大学学报（6）：50-57.

◎ 陈丽珍，赵昕东，2022. 人口老龄化和收入不平等对消费结构的影响：基于三种类型消费视角 [J]. 哈尔滨商业大学学报（社会科学版）(1)：74-85.

◎ 陈明华，郝国彩，2014. 中国人口老龄化地区差异分解及影响因素研究 [J]. 中国人口·资源与环境，24（4）：136-141.

◎ 陈卫民，施美程，2013. 发达国家人口老龄化过程中的产业结构转变 [J]. 南开学报（哲学社会科学版）（6）：32-41.

◎ 陈卫民，施美程，2014. 人口老龄化促进服务业发展的需求效应 [J]. 人口研究，38（5）：3-16.

◎ 陈彦斌，郭豫媚，姚一旻，2014. 人口老龄化对中国高储蓄的影响 [J]. 金融研究（1）：71-84.

◎ 陈彦斌，林晨，陈小亮，2019. 人工智能、老龄化与经济增长 [J]. 经济研究，54（7）：47-63.

◎ 陈燕儿，周建芳，2023. 人口老龄化是否抑制了创新效率：基于人力资本的角度 [J]. 南方人口，38（1）：34-45.

◎ 陈艳玫，刘子锋，李贤德，等，2018. 2015—2050年中国人口老龄化趋势与老年人口预测 [J]. 中国社会医学杂志，35（5）：480-483.

◎ 陈璋，黄彪，2013. “引进式技术进步方式”下的中国经济增长与不平衡结构特征 [J]. 经济理论与经济管理（3）：5-15.

◎ 陈柱兵，2008. 准确把握转变经济发展方式的深刻内涵 [J]. 经济研究参考（24）：13.

◎ 楚永生，于贞，王云云，2017. 人口老龄化“倒逼”产业结构升级的动态效应：基于中国30个省级制造业面板数据的空间计量分析 [J]. 产经评论，8（6）：22-33.

◎ 戴浩，魏君英，2023. 农村人口老龄化对农业高质量发展的影响：基于农业绿色全要素生产率视角 [J]. 山东农业大学学报（社会科学版），25（3）：1-9，189.

◎ 董志强，2013. 老龄化背景下中国经济增长及收入分配格局 [J]. 探索与争鸣（1）：71-76.

◎ 董志强，魏下海，汤灿晴，2012. 人口老龄化是否加剧收入不平等？：基于中国（1996—2009）的实证研究 [J]. 人口研究，36（5）：94-103.

◎ 豆建春，王运昌，2022. 老龄化对技术创新的结构性影响：总效应、异质性与时间上的结构性特征 [J]. 人口与经济（3）：113-129.

◎ 杜建国，李波，杨慧，2023. 人口老龄化下农业人力资本对农业绿色全要素生产率的影响 [J]. 中国人口·资源与环境，33（9）：215-228.

◎ 杜鹏，李龙，2021. 新时代中国人口老龄化长期趋势预测 [J]. 中国人民大学学报，35（1）：96-109.

◎ 杜鹏，王武林，2010. 论人口老龄化程度城乡差异的转变 [J]. 人口研究，34（2）：3-10.

◎ 封进，2019. 人口老龄化、社会保障及对劳动力市场的影响 [J]. 中国经济问题（5）：15-33.

◎ 干春晖，郑若谷，余典范，2011. 中国产业结构变迁对经济增长和波动的影响 [J]. 经济研究，46（5）：4-16，31.

◎ 葛延风，王列军，冯文猛，等，2020. 我国健康老龄化的挑战与策略选择 [J]. 管理世界，36（4）：86-96.

◎ 顾洪明，郭晨，张卫东，2023. 人口老龄化对经济高质量发展的影响研究：来自中国城市面板数据的经验证据 [J]. 宏观经济研究（6）：101-112.

◎ 郭东杰，唐教成，2020. 人口老龄化、养老保险改革与劳动参与率研究 [J]. 财经论丛（6）：12-20.

◎ 郭俊缨，张伊杨，2021. 中国人口发展重大转向：从数量型到质量型人口红利 [J]. 人口与健康（6）：27-30.

◎ 郝大江，张荣，2018. 要素禀赋、集聚效应与经济增长动力转换 [J]. 经济学家（1）：41-49.

◎ 何德旭，姚战琪，2008. 中国产业结构调整的效应、优化升级目标和政策措施 [J]. 中国工业经济（5）：46-56.

◎ 贺丹，刘厚莲，2019. 中国人口老龄化发展态势、影响及应对策略 [J]. 中共中央党校（国家行政学院）学报，23（4）：84-90.

◎ 呼倩，2019. 中国人口老龄化的劳动供给效应：基于省级面板数据的分析 [J]. 广东财经大学学报，34（4）：33-48.

◎ 胡锦涛 . 高举中国特色社会主义伟大旗帜　为夺取全面建设小康社会新胜利而奋斗：在中国共产党第十七次全国代表大会上的报告 [EB/OL].（2007-10-25）[2024-06-25].http://www.npc.gov.cn/zgrdw/npc/xinwen/szyw/zywj/2007-10/25/content_373528.htm.

◎ 胡日东，曹婧博，2021. 人口老龄化对制造业企业全要素生产率的影响：基于沪深 A 股制造业上市公司的实证分析 [J]. 西部论坛，31（5）：100-111.

◎ 胡耀邦 . 全面开创社会主义现代化建设的新局面：在中国共产党第十二次全国代表大会上的报告 [EB/OL].（2007-08-28）[2024-04-26].www.gov.cn/test/2007-08/28/content_729792.htm.

◎ 胡湛，彭希哲，2018. 应对中国人口老龄化的治理选择 [J]. 中国社会科学（12）：134-155，202.

◎ 黄泰岩，2007. 转变经济发展方式的内涵与实现机制 [J]. 求是（18）：6-8.

◎ 黄燕芬，张超，田盛丹，2019. 人口年龄结构和住房价格对城镇居民家庭消费的影响机理 [J]. 人口研究，43（4）：17-35.

◎ 霍杰，2023. 人口老龄化对制造业全要素生产率的影响研究 [D]. 成都：西南财经大学 .

◎ 霍克，2010. 产业升级与全球化的相互推演 [J]. 财政研究（9）：8-10.

◎ 贾根良，2010. 转变对外经济发展方式呼唤经济发展战略的变革 [J]. 经济纵横（9）：47-50.

◎ 江泽民 . 加快改革开放和现代化建设步伐，夺取有中国特色社会主义事业的更大胜利：在中国共产党第十四次全国代表大会上的报告 [EB/OL].（2007-08-29）[2024-8-29].https://www.gov.cn/test/2007-08/29/content_730511.htm.

◎ 姜作培，2008. 转变经济发展方式与地方政府的执行力 [J]. 党政论坛（6）：10-11.

◎ 蒋健，唐小平，李双双，2023. 农村人口老龄化对农业全要素生产率的影响研究 [J]. 中国农机化学报，44（2）：230-240.

◎ 蒋长流，司怀涛，2022. 人口老龄化、人力资本结构与科技创新：基于空间杜宾与中介效应模型的实证研究 [J]. 北京科技大学学报（社会科学版），38（5）：593-603.

◎ 蒋志华，李庆子，李瑞娟，2010. 转变经济发展方式的内涵及相关范畴研究 [J]. 经济研究导刊（6）：11-12.

◎ 金碚，2013a. 现阶段我国推进产业结构调整的战略方向 [J]. 求是（4）：56-58.

◎ 金碚，2013b. 中国产业要在转型升级中提升国际竞争力 [J]. 企业文明（2）：18-20.

◎ 金昊，赵青霞，2019. 人口结构转变如何影响技术创新：基于省级面板数据的实证分析 [J]. 宏观经济研究（12）：130-147.

◎ 金绍荣，王佩佩，2023. 人口老龄化、农地流转与农业绿色全要素生产率 [J]. 宏观经济研究（1）：101-117.

◎ 匡远配，陈梅美，2015. 农村人口老龄化对农业全要素生产率影响的实证分析 [J]. 燕山大学学报（哲学社会科学版），16（1）：15-21.

◎ 蓝嘉俊，魏下海，吴超林，2014. 人口老龄化对收入不平等的影响：拉大还是缩小？——来自跨国数据（1970—2011年）的经验发现 [J]. 人口研究，38（5）：87-106.

◎ 李飞越，2015. 中国人口老龄化与收入不平等关系研究 [J]. 西北人口，36（5）：68-73.

◎ 李福柱，田爽，2020. 我国经济增长中供给侧与需求侧新旧动能转换效应研究 [J]. 长沙理工大学学报（社会科学版），35（6）：81-96.

◎ 李贵芳，2023. 劳动力老龄化、农业社会化服务与粮食绿色全要素生产率[D]. 郑州：河南财经政法大学.

◎ 李瀚林，李兴山，2019. 中国经济增长历程与增长路径比较分析 [J]. 理论视野（11）：60-67.

◎ 李建民，2015. 中国的人口新常态与经济新常态 [J]. 人口研究，39（1）：3-13.

◎ 李竞博，高瑗，2022. 人口老龄化视角下的技术创新与经济高质量发展 [J]. 人口研究，46（2）：102-116.

◎ 李杏，章孺，CHAN M.W. LUKE，2017. 人口老龄化对产业结构的影响：基于 SYS-GMM 的分析 [J]. 河海大学学报（哲学社会科学版），19（1）：29-36，89.

◎ 林宝,2015. 中国不能自理老年人口的现状及趋势分析 [J]. 人口与经济（4）：77-84.

◎ 林擎国，王伟，2001. 人口老龄化对我国产业结构调整与优化的影响 [J]. 学术研究（2）：48-52.

◎ 凌迎兵，李懂文，2020. 人口老龄化与城乡收入差距：基于2002—2018年31个省（市、自治区）面板数据的分析 [J]. 南京财经大学学报（5）：15-25.

◎ 刘成坤，赵昕东，2018. 人口老龄化对中国产业结构升级的影响研究 [J]. 区域经济评论（4）：69-80.

◎ 刘成坤，2021. 农村人口老龄化与农业全要素生产率的区域异质性 [J]. 华南农业大学学报（社会科学版），20（6）：46-55.

◎ 刘厚莲，2021. 世界和中国人口老龄化发展态势 [J]. 老龄科学研究，9（12）：1-16.

◎ 刘华军，何礼伟，杨骞，2014. 中国人口老龄化的空间非均衡及分布动态演进：1989—2011[J]. 人口研究，38（2）：71-82.

◎ 刘康，2024. 突破“藩篱”：少子老龄化与全要素生产率提升 [J]. 海南金融（2）：19-30.

◎ 刘李华，孙早，2022. 人口老龄化、居民健康与收入不平等 [J]. 经济科学（5）：135-149.

◎ 刘利，2020. 人口老龄化与居民消费结构：基于 CFPS2016数据验证 [J]. 统计与决策，36（14）：70-74.

◎ 刘世锦，余斌，吴振宇，2014. 促进经济向新常态平稳过渡：当前经济形势分析与展望 [J]. 决策探索（下半月）（9）：57-58.

◎ 刘世锦，2011. 增长速度下台阶与发展方式转变 [J]. 经济学动态（5）：3-9.

◎ 刘树成，2007. 论又好又快发展 [J]. 经济研究（6）：4-13.

◎ 刘玉飞，彭冬冬，2016. 人口老龄化会阻碍产业结构升级吗：基于中国省级面板数据的空间计量研究 [J]. 山西财经大学学报，38（3）：12-21.

◎ 龙莹，张忍，2017. 人口老龄化与收入不平等关系研究 [J]. 上海立信会计金融学院学报（1）：112-120.

◎ 楼永，王留瑜，郝凤霞，2020. 人口老龄化对我国科技创新的影响分析 [J]. 科技管理研究，40（21）：14-22.

◎ 鲁志国，黄赤峰，2003. 人口老龄化与产业结构调整 [J]. 中国经济问题（3）：59-62.

◎ 陆铭，2010. 中国工资上涨为何不够快 [J]. 决策探索（上半月）（2）：39-41.

◎ 逯进，王恩泽，郭志仪，2019. 人口视域下中国经济增长路径选择 [J]. 中国人口科学（5）：85-95，128.

◎ 马凯，2012. 转变城镇化发展方式提高城镇化发展质量走出一条中国特色城镇化道路 [J]. 国家行政学院学报（5）：4-12.

◎ 马克思，恩格斯，1961. 德意志意识形态 [M]. 中共中央马克思、恩格斯、列宁、斯大林著作编译局，译 . 北京：人民出版社 .

◎ 马克思，1965. 哲学的贫困：答蒲鲁东先生的“贫困的哲学”[M]. 徐坚新，译 . 北京：人民出版社 .

◎ 马克思，1975. 资本论（第1卷）[M]. 中共中央马克思、恩格斯、列宁、斯大林著作编译局，译．北京：人民出版社．

◎ 马晓君，2004. 中国人口老龄化对消费结构的影响初探 [J]. 辽宁经济（6）：42-43.

◎ 马子红，胡洪斌，郑丽楠，2017. 人口老龄化与产业结构升级：基于2002—2015年省级面板数据的分析 [J]. 广西社会科学（10）：120-125.

◎ 茅锐，徐建炜，2014. 人口转型、消费结构差异和产业发展 [J]. 人口研究，38（3）：89-103.

◎ 穆光宗，2015. 成功老龄化：中国老龄治理的战略构想 [J]. 国家行政学院学报（3）：55-61.

◎ 穆怀中，裴凯程，2020. 人口老龄化对装备制造业全要素生产率的影响：来自中国省级面板数据的实证检验 [J]. 工业技术经济，39（11）：154-160.

◎ 欧志文，蒋均时，2008. "转变经济发展方式"的科学理念与时代内涵 [J]. 消费导刊（3）：209，211.

◎ 逄锦聚，2010. 经济发展方式转变与经济结构调整 [J]. 财会研究（5）：22-24.

◎ 彭秀健，2006. 中国人口老龄化的宏观经济后果：应用一般均衡分析 [J]. 人口研究（4）：12-22.

◎ 乔榛，王丹，2020. 我国经济增长动力转换的新机制研究 [J]. 学习与探索（1）：123-130.

◎ 人民网，2016. 习近平强调推动老龄事业全面协调可持续发展 [EB/OL].（2016-05-29）[2024-06-25].http://cpc.people.com.cn/n1/2016/0529/c64094-28387539.html.

◎ 任保平，段雨晨，2017. 新常态下中国经济增长的长期趋势与短期机制 [J]. 学术研究（1）：80-87，177，2.

◎ 任保平，2018. 新时代中国经济从高速增长转向高质量发展：理论阐释与实践取向 [J]. 学术月刊，50（3）：66-74，86.

◎ 邵汉华，汪元盛，2019. 人口结构与技术创新 [J]. 科学学研究，37（4）：

739-749.

◎ 邵咪咪，郭凯明，杨丽珊，2020. 人口老龄化、经济高质量发展与产业结构转型 [J]. 产经评论，11（4）：76-92.

◎ 沈飞，2015. 人口老龄化对中国劳动力供给的影响 [J]. 现代经济信息（3）：3，38.

◎ 沈蕾，郭岩，2020. 老龄化对高技术产业技术创新的影响研究：基于子行业、企业规模异质性的分析 [J]. 工业技术经济，39（12）：78-87.

◎ 沈凌，田国强，2009. 贫富差别、城市化与经济增长：一个基于需求因素的经济学分析 [J]. 经济研究，44（1）：17-29.

◎ 石明明，江舟，邱旭容，2019. 老龄化如何影响我国家庭消费支出：来自中国综合社会调查的证据 [J]. 经济理论与经济管理（4）：62-79.

◎ 史晓丹，2013. 我国人口老龄化趋势对储蓄率的影响研究 [J]. 南方经济（7）：56-63.

◎ 世界银行，国务院发展研究中心联合课题组，2013. 2030年的中国：建设现代、和谐、有创造力的社会 [M]. 北京：中国财政经济出版社 .

◎ 司怀涛，蒋长流，2023. 人口结构、科技创新与经济高质量发展 [J]. 调研世界（1）：61-69.

◎ 随淑敏，何增华，2020. 人口老龄化对企业创新的影响：基于人口普查数据与微观工业企业数据的实证分析 [J]. 人口研究，44（6）：63-78.

◎ 孙华平，李奇，2021. 老龄化、资源依赖与技术创新：基于全球跨国面板的实证分析 [J]. 生态经济，37（2）：68-75.

◎ 孙倩倩，2021. 人口老龄化对技术创新的时空异质性效应研究 [J]. 财经理论与实践，42（3）：118-123.

◎ 孙一菡，谢建国，熊永莲，2017. 劳动力老龄化、教育水平与地区全要素生产率 [J]. 中国经济问题（3）：3-16.

◎ 孙玉阳，郭涛，2023. 人口老龄化会抑制绿色经济增长吗 ?[J]. 人口与发展，

29（4）：113-121.

◎ 汤向俊，任保平，2010. 劳动力有限供给、人口转变与中国经济增长可持续性 [J]. 南开经济研究（5）：84-94.

◎ 唐晨悦，李佳，2020. 新中国70年经济发展模式与动力机制研究 [J]. 中国物价（6）：8-10，14.

◎ 唐东波，2007. 人口老龄化与居民高储蓄：理论及中国的经验研究 [J]. 金融论坛（9）：3-9.

◎ 田成诗，马嘉彧，2020. 人口老龄化对中国宏观经济的影响：基于消费可能性边界的研究 [J]. 人口与经济（1）：63-74.

◎ 田志奇，2020. 人口老龄化与消费结构升级：基于省级数据的经验分析 [J]. 商业经济研究（10）：63-66.

◎ 涂舒，周宇，2013. 转型期中国经济增长的新源泉：新型人口红利 [J]. 现代经济探讨（11）：16-20.

◎ 涂晓今，2012. 我国促进重点产业结构优化升级的财政政策创新探讨 [J]. 财政研究（2）：8-12.

◎ 万克德，宋廷山，郭思亮，2013. 山东省人口老龄化对城镇居民消费需求的影响：基于六普数据的分析 [J]. 中国人口科学（4）：82-88，127.

◎ 汪同三，2018. 汪同三：建设我国现代化经济体系的思考 [J]. 大陆桥视野（4）：27-31.

◎ 汪伟，2010. 计划生育政策的储蓄与增长效应：理论与中国的经验分析 [J]. 经济研究，45（10）：63-77.

◎ 汪伟，姜振茂，2017. 人口老龄化对技术创新的影响机制分析：基于 DFA 方法的创新评价和动态面板模型 [J]. 上海财经大学学报，19（6）：4-17.

◎ 汪伟，靳文惠，2022. 人口老龄化、养老保险制度设计与收入不平等的动态演化 [J]. 世界经济，45（2）：137-161.

◎ 汪伟，刘玉飞，彭冬冬，2015. 人口老龄化的产业结构升级效应研究 [J]. 中国工业经济（11）：47-61.

◎ 王笳旭，王淑娟，2017. 人口老龄化、技术创新与经济增长：基于要素禀赋结构转变的视角 [J]. 西安交通大学学报（社会科学版），37（6）：27-38.

◎ 王健，2011. 构建新型区域政绩指标体系研究 [J]. 国家行政学院学报（2）：21-26.

◎ 王金营，蔺丽莉，2006. 中国人口劳动参与率与未来劳动力供给分析 [J]. 人口学刊（4）：19-24.

◎ 王立军，马文秀，2012. 人口老龄化与中国劳动力供给变迁 [J]. 中国人口科学（6）：23-33，111.

◎ 王森，王瑞瑜，孙晓芳，2020. 智能化背景下人口老龄化的产业结构升级效应 [J]. 软科学，34（1）：90-96，102.

◎ 王森，2010. 中国人口老龄化对居民储蓄率影响的定量分析：基于 VAR 模型的方法 [J]. 中国人口科学（S1）：66-71.

◎ 王婷，李科宏，2017. 老龄化对人口红利的影响研究：基于供给侧视角 [J]. 云南财经大学学报，33（3）：45-55.

◎ 王维国，付裕，刘丰，2022. 老年预期寿命与健康预期寿命占比对收入不平等影响的实证研究 [J]. 计量经济学报，2（2）：314-340.

◎ 王伟斌，2017. 人口老龄化背景下我国劳动投入对经济增长贡献研究 [J]. 福建金融（12）：13-18.

◎ 王雪飞，2022. 新发展阶段人口老龄化对服务业全要素生产率的影响：基于生产性服务业与生活性服务业的比较 [J]. 商业经济研究（9）：181-184.

◎ 王莹莹，童玉芬，2015. 中国人口老龄化对劳动参与率的影响 [J]. 首都经济贸易大学学报，17（1）：61-67.

◎ 王宇，蒋彧，2011. 中国经济增长的周期性波动研究及其产业结构特征（1992—2010年）[J]. 数量经济技术经济研究，28（7）：3-17.

◎ 王宇鹏，2011. 人口老龄化对中国城镇居民消费行为的影响研究 [J]. 中国人口科学（1）：64-73，112.

◎ 王云多，2014. 人口老龄化对劳动供给、人力资本与产出影响预测 [J]. 人口与经济（3）：69-75.

◎ 王志宝，孙铁山，李国平，2013. 近20年来中国人口老龄化的区域差异及其演化 [J]. 人口研究，37（1）：66-77.

◎ 王志乐，2010. 发挥外资企业在转变经济发展方式中的积极作用 [C]// 中国经济体制改革研究会 .2010年宏观经济与改革走势座谈会内容汇编 .[出版者不详]：6.

◎ 王中昭，苏宗敏，2014. 人口老龄化对我国收入分配的影响研究 [J]. 广西大学学报（哲学社会科学版），36（6）：92-95.

◎ 魏佳朔，高鸣，2023. 农业劳动力老龄化如何影响小麦全要素生产率增长 [J]. 中国农村经济（2）：109-128.

◎ 魏佳朔，宋洪远，2022. 农业劳动力老龄化影响了粮食全要素生产率吗？：基于农村固定观察点数据的分析验证 [J]. 南京农业大学学报（社会科学版），22（4）：22-33.

◎ 魏嘉辉，顾乃华，2021. 老龄化与中国服务业就业结构 [J]. 经济经纬，38（1）：86-95.

◎ 吴建飞，韩程，张文英，等，2023. 人口老龄化对技术创新和经济增长的影响研究：基于要素禀赋视角的再检验 [J]. 华东经济管理，37（2）：103-110.

◎ 吴建军，刘郁，2012. 国民收入分配格局对中国经济失衡的影响 [J]. 财政研究（2）：42-45.

◎ 武宵旭，葛鹏飞，徐璋勇，2018. 老龄化抑制了“一带一路”绿色全要素生产率的提升吗：基于创新和医疗的视角 [J]. 山西财经大学学报，40（3）：11-24.

◎ 习近平，2020. 习近平谈治国理政：第三卷 [M]. 北京：外文出版社 .

◎ 习近平 . 高举中国特色社会主义伟大旗帜 为全面建设社会主义现代化国家而团结奋斗：在中国共产党第二十次全国代表大会上的报告 [EB/OL].(2022-10-25)[2024-04-26]. http://www.news.cn/politics/cpc20/2022-10/25/c_1129079429.htm.

◎ 习近平 . 决胜全面建成小康社会 夺取新时代中国特色社会主义伟大胜利：在中国共产党第十九次全国代表大会上的报告 [EB/OL].(2017-10-27)[2024-04-26].https://www.gov.cn/zhuanti/2017-10/27/content_5234876.htm.

◎ 夏剑君，2019. 中国三次产业资源错配及其对生产率的影响研究 [J]. 南京财经大学学报（3）：13-25.

◎ 向晶，2013. 人口结构调整对我国城镇居民消费的影响 [J]. 经济理论与经济管理（12）：14-22.

◎ 谢立黎，汪斌，2019. 积极老龄化视野下中国老年人社会参与模式及影响因素 [J]. 人口研究，43（3）：17-30.

◎ 谢雪燕，朱晓阳，2020. 人口老龄化、技术创新与经济增长 [J]. 中国软科学（6）：42-53，76.

◎ 邢艳春，高腾飞，2019. 人口结构变动、消费习惯对我国消费结构动态演变的影响 [J]. 商业经济研究（18）：31-35.

◎ 熊永莲，谢建国，徐保昌，2016. 人口结构、资本积累与中国的全要素生产率 [J]. 云南财经大学学报，32（1）：38-49.

◎ 徐佳宾，2007. 经济发展、产业升级与市场形态 [J]. 财贸经济（3）：18-23.

◎ 徐瑾，潘俊宇，2020. 产业结构优化视角下的人口老龄化与我国经济增长 [J]. 经济问题（9）：62-71.

◎ 薛天航，肖文，唐楠，2023. 人口老龄化背景下劳动力成本与全要素生产率：基于企业所有制类型的视角 [J]. 浙江大学学报（人文社会科学版），53（6）：71-84.

◎ 颜色，郭凯明，段雪琴，2021. 老龄化、消费结构与服务业发展 [J]. 金融研究（2）：20-37.

◎ 杨校美，2018. 人口老龄化会影响技术创新吗？：来自 G20的经验证据 [J]. 华东经济管理，32（6）：115-123.

◎ 杨玉华，罗斌，2011. 中国经济增长方式转型的动力源泉及其因素分解：基于中国1952—2009年的实证分析 [J]. 河北经贸大学学报，32（4）：39-46.

◎ 杨玉霞，邢宏，2008. 转变经济发展方式内涵及实现机制 [J]. 学理论（6）：15-18.

◎ 姚玉祥，吕指臣，2024. 人口老龄化、社会保障支出与收入分配 [J]. 云南民族大学学报（哲学社会科学版），41（2）：68-79.

◎ 姚玉祥,2021. 人口老龄化如何影响城乡收入不平等 [J]. 现代经济探讨（4）：33-42.

◎ 易昕，2015. 人口老龄化对中国产业结构变化影响研究：基于2000—2012年省级面板数据的实证分析 [J]. 商业经济研究（3）：118-120.

◎ 袁俊，吴殿廷，吴铮争，2007. 中国农村人口老龄化的空间差异及其影响因素分析 [J] 中国人口科学（3）：41-47，95.

◎ 袁玺葳，2021. 劳动力年龄对技术创新的影响研究：基于238个城市面板数据的实证分析 [J]. 生产力研究（7）：18-24，63.

◎ 袁志刚，2021. 新发展阶段中国经济新的增长动力：基于宏观经济的长期增长和短期波动分析框架 [J]. 人民论坛 · 学术前沿（6）：12-21.

◎ 原新，高瑗，李竞博，2017. 人口红利概念及对中国人口红利的再认识：聚焦于人口机会的分析 [J]. 中国人口科学（6）：19-31，126.

◎ 原新，金牛，2021. 中国人口红利的动态转变：基于人力资源和人力资本视角的解读 [J]. 南开学报（哲学社会科学版）（2）：31-40.

◎ 臧旭恒，李晓飞，2020. 人口老龄化对居民消费的非线性影响：基于养老保险发展的动态面板异质性门槛效应 [J]. 经济与管理研究，41（3）：21-36，86.

◎ 詹韵秋，王军，2020. 人口质量红利：研究述评与未来展望 [J]. 重庆社会科学（2）：21-32.

◎ 展凯，钟沛希，周利，2022. 人口老龄化、债务杠杆与居民消费 [J]. 消费经济，38（5）：50-63.

◎ 张斌，李军，2013. 人口老龄化对产业结构影响效应的数理分析 [J]. 老龄科学研究，1（6）：3-13.

◎ 张季风，邓美薇，2019. 人口老龄化、技术创新对经济增长质量的影响：基于中日两国的比较分析 [J]. 日本问题研究，33（1）：20-31.

◎ 张杰，2001. 国家的意愿、能力与区域发展政策选择：兼论西部大开发的背景及其中的政治经济学 [J]. 经济研究（3）：69-74.

◎ 张同斌，2016. 从数量型“人口红利”到质量型“人力资本红利”：兼论中国经济增长的动力转换机制 [J]. 经济科学（5）：5-17.

◎ 张玉台 . 转变经济发展方式　实现又好又快发展 [J]. 政策，2007（10）：11-14

◎ 翟振武，陈佳鞠，李龙，2016. 中国人口老龄化的大趋势、新特点及相应养老政策 [J]. 山东大学学报（哲学社会科学版）（3）：27-35.

◎ 翟振武，金光照，张逸杨，2021. 人口老龄化会阻碍技术创新吗 ?[J]. 东岳论丛，42（11）：24-35，191.

◎ 赵剑波，史丹，邓洲，2019. 高质量发展的内涵研究 [J]. 经济与管理研究，40（11）：15-31.

◎ 赵周华，王树进 . 人口老龄化与居民消费结构变动的灰色关联分析 [J]. 统计与决策，34（9）：108-111.

◎ 郑功成，2020. 实施积极应对人口老龄化的国家战略 [J]. 人民论坛 · 学术前沿（22）：19-27.

◎ 郑绪涛，2017. 人口红利对全要素生产率驱动转变的增长模式研究 [J]. 当代经济（36）：124-125.

◎ 中共中央马克思、恩格斯、列宁、斯大林著作编译局，2016. 马克思恩格斯全集：第二十三卷 [M]. 北京：人民出版社 .

◎ 中共中央马克思、恩格斯、列宁、斯大林著作编译局，1985. 马克思恩格斯全集：第四十六卷 [M]. 北京：人民出版社 .

◎ 中共中央宣传部，2019. 习近平新时代中国特色社会主义思想学习纲要 [M]. 北京：学习出版社、人民出版社 .

◎ 中国经济增长与宏观稳定课题组，张平，刘霞辉，等，2007. 劳动力供给效应与中国经济增长路径转换 [J]. 经济研究，42（10）：4-16.

◎ 钟水映，余远，2017. 人口老龄化、人力资本结构对区域产业升级影响的实证分析 [J]. 统计与决策（16）：98-102.

◎ 周浩，刘平，2016. 中国人口老龄化对劳动力供给和劳动生产率的影响研究 [J]. 理论学刊（3）：106-110.

◎ 周黎安，2004. 晋升博弈中政府官员的激励与合作：兼论我国地方保护主义和重复建设问题长期存在的原因 [J]. 经济研究（6）：33-40.

◎ 周绍森，胡德龙，2019. 保罗 · 罗默的新增长理论及其在分析中国经济增长因素中的应用 [J]. 南昌大学学报（人文社会科学版），50（4）：71-81.

◎ 周申，曾罡，庄子罐，2012. 开放经济下的中国经济增长核算：考虑贸易条件变动因素的分解 [J]. 世界经济文汇（2）：18-27.

◎ 周晓波，王继源，陈璋，2018. 中国经济增长动力的转换：基于技术进步视角的实证研究 [J]. 经济问题探索（6）：1-10.

◎ 周祝平，刘海斌，2016. 人口老龄化对劳动力参与率的影响 [J]. 人口研究，40（3）：58-70.

◎ 朱琪，2016. 人口老龄化对收入分配的影响述评 [J]. 社会科学家（1）：54-60.

◎ 朱晓华，邓宝义，2013. 我国产业结构对经济增长影响的实证分析 [J]. 企业经济，32（7）：132-136.

◎ 朱振华，曹克，2019. 人口老龄化对中国居民收入分配的影响 [J]. 南京财经大学学报（4）：36-46.

◎ 卓乘风，邓峰，2018. 人口老龄化、区域创新与产业结构升级 [J]. 人口与经济（1）：48-60.

◎ CHENERY H B, ROBINSON S, SYRQUIN M, et al., 1986. Industrialization and Growth：A Comparative Study[M]. New York：Oxford University Press.

◎ KUZNETS S, 1966. Modern economic growth: Rate, Structure and Spread[M]. New Haven: Yale University Press.

◎ LEWIS W A, 1954. Economic Development with Unlimited Supplies of Labour[J]. The Manchester School, 22(2): 139-191.

◎ ROSTOW W W, 1992. Theorists of Economic Growth from David Hume to the Present: With a Perspective on the Next Century[M]. New York：Oxford University Press.

◎ WANG F, MASON A, 2008. The demographic factor in China's transition[M]// BRANDT L, RAWSKI T G. China's great economic transformation.New York: Cambridge University Press.